主编◎庄伟 彭庆翔

PLC技术及应用学习工作页

中国劳动社会保障出版社

图书在版编目（CIP）数据

PLC 技术及应用学习工作页/庄伟，彭庆翔主编．—北京：中国劳动社会保障出版社，2015

ISBN 978－7－5167－1799－8

Ⅰ．①P…　Ⅱ．①庄…②彭…　Ⅲ．①PLC 技术-教材　Ⅳ．①TM571.6

中国版本图书馆 CIP 数据核字（2015）第 095324 号

中国劳动社会保障出版社出版发行
（北京市惠新东街1号　邮政编码：100029）

*

北京市艺辉印刷有限公司印刷装订　新华书店经销
787毫米×1092毫米　16开本　19印张　372千字
2015年5月第1版　2021年1月第4次印刷
定价：34.00元

读者服务部电话：（010）64929211/84209101/64921644
营销中心电话：（010）64962347
出版社网址：http://www.class.com.cn

教材编写委员会

顾问

林为群　原天津交通职业学院　教授

孙　爽　天津职业技术师范大学　教授

陈泽宇　广州铁路职业技术学院　教授

吴玄光　华南农业大学　副教授

阮少宁　广州丰田汽车特约维修有限公司副总经理

漆　军　广东机电职业技术学院　教授

本书主编：庄　伟　彭庆翔

前言

《PLC 技术及应用学习工作页》与《PLC 技术及应用基础教材（三菱）》配合使用。本书以机电（电气自动化）岗位工作任务分析为基础，以相关国家职业标准为依据，以综合职业能力培养为目标，以典型工作任务为载体，以学生为中心，运用一体化课程开发技术规程，根据典型工作任务和工作过程设计课程教学内容和教学方法，按照工作过程的顺序和学生自主学习的要求进行教学设计并安排教学活动，共设计了 5 个项目、18 个学习任务，每个学习任务下设计了若干个学习活动，每个学习活动通过多个教学环节来完成。通过这些学习任务，重点对学生进行专业能力、方法能力、社会能力和职业素养的培养，并通过一体化课程教学使学生具备典型 PLC 控制系统装调的能力，胜任对应的机电设备 PLC 控制系统安装调试岗位，实现“做学合一”的工学结合课程理念，最终达到培养高素质技能人才的培养目标。

本书具备以下特点：

任务驱动。通过任务驱动的方式，引导学生进行知识、技能和职业规范的学习。

做学合一。以工作任务为中心，实现理论与实践的一体化教学。

突出能力。教材定位与学习目标、学习内容与要求、教学过程与评价等都积极突出学生专业能力、方法能力、社会能力和职业素养的培养，体现职业教育课程的特质。

引入职业标准。工作任务选取与设计中参考并融入了维修电工中、高级职业技能鉴定的内容，使该课程同时满足维修电工中、高级职业资格培训需要。

任务过程完整。学生在每一个任务中，都需要完成包括获取信息、计划决策、任务实施、检查评价等方面的工作，不但能培养学生 PLC 技术的应用能力，还同时培养团队协作和安全环保意识等职业综合能力。

本书的完成是团队协作的结果，具体分工如下：庄伟老师编写了项目 5 的内容，并负责全书的统稿工作；彭庆翔老师编写了项目 3、项目 4 的内容，并负责全书的编排模式设计；包丽丽老师编写了项目 2 的内容；刘良森老师编写了项目 1 的内容。

在本书编写过程中，广东省机电职业技术学院漆军副教授、叶斌元副教授在体例和内容上进行了指导；广汽本田汽车有限公司卢至巍对 PLC 的工程应用案例解读、PLC 控制系统的安装工艺和维护保养进行了指导；广州市技师学院吕强松、揭锡富、李旭航、潘毅、苏倩等老师也给予大力支持与帮助，在此表示一并衷心感谢。

因编写水平和经验有限，书中难免存在不足和错误之处，恳请各位专家和读者批评指正。

编　者

目　　录

项目一　认知 PLC

学习任务一　学习 PLC 常识

学习目标

知识目标：

1. 了解 PLC 的产生与发展。
2. 掌握 PLC 的定义。
3. 了解 PLC 的特点、分类标准和性能指标。
4. 了解 PLC 的编程语言。
5. 了解 PLC 的主要应用领域。

技能目标：

能认识各类品牌的 PLC，并能根据 I/O 点数判断输出类型。

建议学时

4 课时

工作情景描述

某单位由于技术升级，准备大批量使用 PLC 作为生产设备的控制器，需要大量懂得 PLC 技术的工作人员，现准备对员工进行培训，要求员工通过学习任务，了解 PLC 的定义，产生与发展过程，以及特点、主流品牌、分类、性能指标、编程语言、主要应用领域，为今后生产升级打下良好的基础。

工作过程与学习活动

学习活动 1　明确工作任务

学习活动2 工作准备

学习活动3 工作实施

学习活动4 总结与评价

温馨提示：在工作过程中遵守6S规范，严格遵守用电、消防等安全规程要求，工作完成后按照现场管理规范清理场地、归置物品。

学习活动1　明确工作任务

学习目标

1. 能根据工作任务做好学习资源准备。
2. 能通过阅读任务信息，明确工作目标。

建议学时：0.5 课时

学习过程

一、学习资源准备

准备《PLC 技术及应用基础教程》教材、相关 PPT 课件或视频动画、FX_{2N}使用说明书、安全操作规程等教学资源。

二、明确工作任务目标

请认真阅读本次任务的学习目标和工作情景，完成以下题目：

1. 以下__________不是本次任务的知识目标。

A. 了解 PLC 的产生　　B. 了解 PLC 的发展

C. 掌握 PLC 的定义　　D. 了解 PLC 的特点

E. 了解 PLC 的分类标准　　F. 了解 PLC 的性能指标

G. 了解 PLC 的编程语言　　H. 了解 PLC 的使用方法

I. 了解 PLC 的主要运用领域

2. 本次任务的技能目标是能认识各类品牌的 PLC，并能根据________ 判断输出类型。

学习活动2　工 作 准 备

学习目标

1. 能自主通过不同途径查阅相关学习资料。
2. 能个人完成工作页资料的查阅和填写。
3. 能制定合理的工作计划。
4. 会组织组员合理分工。

建议学时：1 课时

学习过程

一、查阅资料完成以下问题

1. PLC 中“P”指的是英文单词________，“L”指的是英文单词________，“C”指的是英文单词________。

2. PLC 的中文意思是____________________。

3. PLC 的主要性能指标有___________，内部继电器的种类和数量，___________，___________，___________，工作环境，___________。

4. PLC 编程语言有__________，__________，__________，__________，__________。

5. 分别指出下列程序都运用了哪种编程语言。

(1) __________________

步序号	指令	操作元件
1	LD	X000
2	OR	Y000
3	ANI	X001
4	OUT	Y000

(2) ______________________

二、制定工作计划

<table>
<tr><td colspan="6">“学习 PLC 常识”工作计划</td></tr>
<tr><td>班级</td><td></td><td>小组名称</td><td></td><td>时间</td><td>年　月　日</td></tr>
<tr><td colspan="6">（一）组员分工</td></tr>
<tr><td colspan="2">组员姓名</td><td colspan="4">组员分配任务（从下面任务分工选项中进行选择）</td></tr>
<tr><td>1</td><td></td><td colspan="4"></td></tr>
<tr><td>2</td><td></td><td colspan="4"></td></tr>
<tr><td>3</td><td></td><td colspan="4"></td></tr>
<tr><td>4</td><td></td><td colspan="4"></td></tr>
<tr><td>5</td><td></td><td colspan="4"></td></tr>
<tr><td colspan="6">分工选项</td></tr>
<tr><td colspan="6">A. 组织人员分工：负责组织组员合理分工，并督促组员完成分工任务
B. 网络信息获取：负责通过手机或者电脑网络搜索获取完成任务所需的信息
C. 书本、PPT 信息获取：负责通过查阅书本和 PPT 获取完成任务所需的信息
D. 信息处理与记录：负责提示组员所需获取的信息内容，筛选已获取的信息，并完成信息记录
E. 工作过程记录：负责本任务的过程记录工作（包括视频、图片等形式），并设计小组成果展示汇报</td></tr>
<tr><td colspan="2">建议</td><td colspan="4">1. 建议按照学生以往成绩由教师进行搭配分组或学生自由组合
2. 建议每组组员 3 ~ 4 人
3. 分工选项可以根据实际需求进行增加或减少</td></tr>
<tr><td colspan="6">（二）工具材料清单</td></tr>
<tr><td>序号</td><td>工具或材料名称</td><td>型号规格</td><td>数量</td><td colspan="2">备注</td></tr>
<tr><td></td><td></td><td></td><td></td><td colspan="2"></td></tr>
<tr><td></td><td></td><td></td><td></td><td colspan="2"></td></tr>
<tr><td></td><td></td><td></td><td></td><td colspan="2"></td></tr>
<tr><td></td><td></td><td></td><td></td><td colspan="2"></td></tr>
<tr><td></td><td></td><td></td><td></td><td colspan="2"></td></tr>
<tr><td></td><td></td><td></td><td></td><td colspan="2"></td></tr>
</table>

续表

（二）工具材料清单

序号	工具或材料名称	型号规格	数量	备注

（三）工序步骤安排

序号	工作内容	计划用时	备注

（四）安全防护措施建议

（四）安全防护措施建议

学习活动 3　工 作 实 施

学习目标

1. 能根据任务工作计划，落实实施步骤。
2. 能够通过小组协作方式完成任务工作计划。

建议学时：1.5 课时

学习过程

一、完成以下历程图

1. 完成 PLC 诞生历程图。

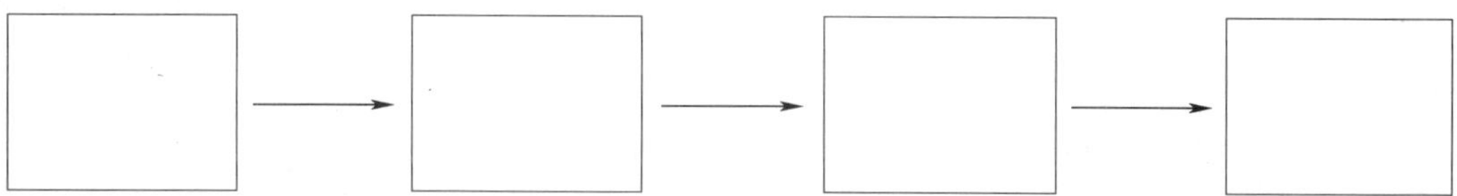

2. 完成 PLC 发展历程图。

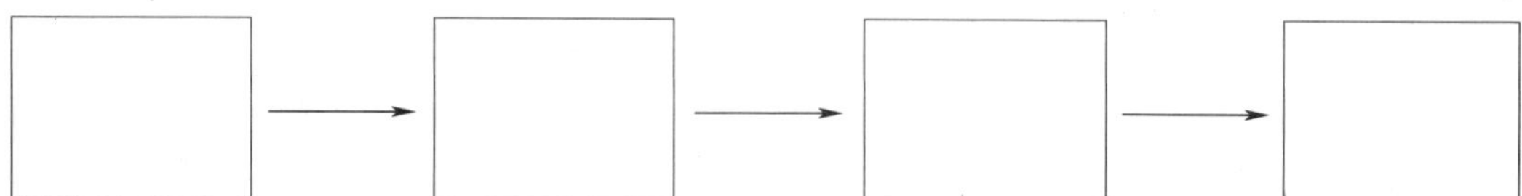

二、完成以下调查任务

1. 完成以下四种不同流派的 PLC 产品调查，并自选 3 种型号或品牌 PLC 进行调查。

不同型号 PLC 的调研

PLC 型号	生产厂家	I/O 点数和	类 型		参考价格及报价信息来源
			根据 I/O 点数分	根据结构形状分	
SIMATICS7－300					
CPM1A－20CDR－D－V1					
FX_{2N}－32MT					
永宏/FBS－4A2D					

2. PLC 主要运用在_______________，_______________，_______________，_______________，_______________，_______________等领域。

学习活动 4　总结与评价

学习目标

1. 能以小组形式，对学习过程和实训成果进行汇报总结。
2. 能客观公正地对任务完成情况进行自评、组评。

建议学时：1 课时

学习过程

一、工作总结

1. 个人撰写工作小结

任务工作小结

班级		任务名称		撰写人		学号	

续表

班级		任务名称		撰写人		学号	
（可以附页）							

2. 成果展示与汇报

以小组为单位，选择演示文稿、展板、录像、演讲等形式中的一种或几种，向全班展示、汇报学习成果。

二、综合评价

评价表

<table>
<tr><td>班级</td><td></td><td>姓名</td><td></td><td>学号</td><td></td><td>日期</td><td>年　月　日</td></tr>
<tr><td colspan="2">学习任务名称</td><td colspan="6"></td></tr>
<tr><td rowspan="11">自我评价</td><td>1</td><td colspan="4">6S 管理</td><td colspan="2">□符合　□不符合</td></tr>
<tr><td>2</td><td colspan="4">能准时上、下课</td><td colspan="2">□符合　□不符合</td></tr>
<tr><td>3</td><td colspan="4">着装符合职业规范</td><td colspan="2">□符合　□不符合</td></tr>
<tr><td>4</td><td colspan="4">能独立完成工作页填写</td><td colspan="2">□能　□不能</td></tr>
<tr><td>5</td><td colspan="4">利用教材、课件和网络资源等查找有效信息</td><td colspan="2">□能　□不能</td></tr>
<tr><td>6</td><td colspan="4">能正确使用工具及设备</td><td colspan="2">□能　□不能</td></tr>
<tr><td>7</td><td colspan="4">能制定合理的任务实施计划及人员分工</td><td colspan="2">□能　□不能</td></tr>
<tr><td>8</td><td colspan="4">工作过程中材料工具能摆放整齐</td><td colspan="2">□能　□不能</td></tr>
<tr><td>9</td><td colspan="4">工作过程中自觉遵守安全用电规范</td><td colspan="2">□能　□不能</td></tr>
<tr><td>10</td><td colspan="4">工作完成后自觉整理、清理工位</td><td colspan="2">□能　□不能</td></tr>
<tr><td colspan="5">学习效果自我评价等级：
自我评价人签名：</td><td colspan="2">□优　□良
□合格　□不合格</td></tr>
<tr><td rowspan="10">小组评价</td><td>11</td><td colspan="4">能在小组内积极发言，出谋划策</td><td colspan="2">□能　□不能</td></tr>
<tr><td>12</td><td colspan="4">能积极配合小组成员完成工作任务</td><td colspan="2">□优　□良
□合格　□不合格</td></tr>
<tr><td>13</td><td colspan="4">能积极完成所分配的工作任务</td><td colspan="2">□优　□良
□合格　□不合格</td></tr>
<tr><td>14</td><td colspan="4">能清晰表达自己的观点</td><td colspan="2">□能　□不能</td></tr>
<tr><td>15</td><td colspan="4">具有安全、规范和环保意识</td><td colspan="2">□能　□不能</td></tr>
<tr><td>16</td><td colspan="4">遵守课堂纪律，不做与课程无关的事</td><td colspan="2">□能　□不能</td></tr>
<tr><td>17</td><td colspan="4">爱护公共财物，自觉维护教学设备的完好性</td><td colspan="2">□能　□不能</td></tr>
<tr><td>18</td><td colspan="4">能撰写个人任务学习小结</td><td colspan="2">□优　□良
□合格　□不合格</td></tr>
<tr><td>19</td><td colspan="4">是否造成工量具或教学设备可修复性损坏</td><td colspan="2">□是　□否</td></tr>
<tr><td colspan="5">学习效果小组评价等级：
小组评分人签名：</td><td colspan="2">□优　□良
□合格　□不合格</td></tr>
</table>

续表

<table>
<tr><td>班级</td><td></td><td>姓名</td><td></td><td>学号</td><td></td><td>日期</td><td>年 月 日</td></tr>
<tr><td colspan="2">学习任务名称</td><td colspan="6"></td></tr>
<tr><td rowspan="3">教师
评价</td><td colspan="4">综合评价等级：</td><td colspan="3">□优 □良
□合格 □不合格</td></tr>
<tr><td colspan="4">加分奖励</td><td colspan="3">□2 分 □5 分
□8 分 □10 分</td></tr>
<tr><td colspan="7">评语：

指导教师：</td></tr>
<tr><td>学生个人
成绩评定</td><td colspan="7"></td></tr>
<tr><td>评价
实施
说明</td><td colspan="7">1. 在任务实施过程中未出现人身伤害事故或设备严重损坏的前提下进行评价
2. 评价方法
（1）自我评价：1～10 项中，能达到 9 项及以上要求为优，能达到 7 项及以上为良，能达到 6 项及以上为合格，低于 6 项为不合格
（2）小组评价：11～19 项中，能达到 8 项及以上要求为优，能达到 6 项及以上为良，能达到 5 项及以上为合格，低于 5 项为不合格
（3）教师综合评价：教师根据学生自我评价、小组评价以及课堂记录，对每个学生工作任务完成情况进行综合等级评价，综合评价等级与分数的对应关系为：优：90 分，良：75 分，合格：60 分，不合格：50 分
（4）学生个人成绩评定：学生个人成绩＝综合评价分＋奖励分</td></tr>
</table>

学习任务二　认识 PLC 的硬件结构系统

学习目标

知识目标：

1. 掌握三菱 FX 系列 PLC 的基本组成部分。
2. 熟悉三菱 FX 系列 PLC 的 I/O 扩展部分及外部设备等。
3. 熟悉三菱 FX 系列 PLC 的面板。

技能目标：

1. 能识别三菱 FX 系列 PLC 的各硬件组成部分及掌握其功能。
2. 能识别三菱 FX 系列 PLC 的面板元件功能及文字含义。

建议学时

4 课时

工作情景描述

某单位由于技术升级，准备大批量使用 PLC 作为生产设备的控制器，需要大量懂得 PLC 技术的工作人员，现准备对员工进行培训，要求员工熟悉三菱 FX_{2N} 系列 PLC，如图 1—2—1 所示，通过观察其外部面板熟悉其外部结构，了解面板上型号的构成与含义，以及各面板组成部分的作用；通过拆卸 PLC 的结构来认识其内部结构，了解各内部组成部分的功能。

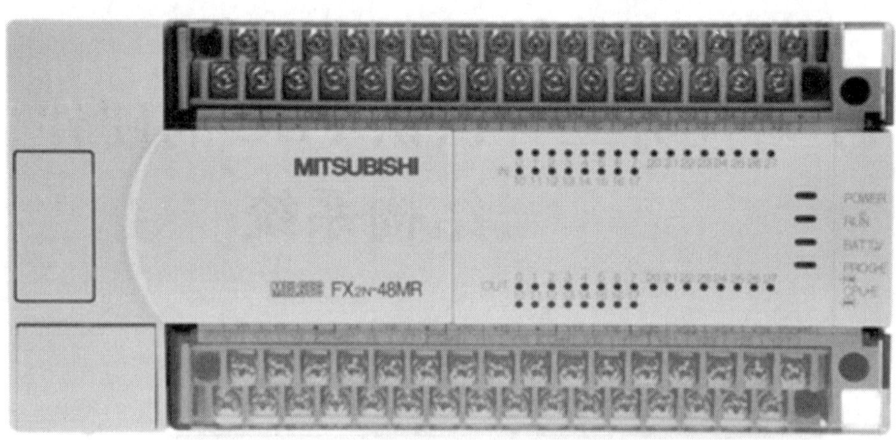

图1—2—1 PLC的外观实物图

工作过程与学习活动

学习活动1 明确工作任务

学习活动2 工作准备

学习活动3 工作实施

学习活动4 总结与评价

温馨提示：在工作过程中遵守6S规范，严格遵守用电、消防等安全规程要求，工作完成后按照现场管理规范清理场地、归置物品。

学习活动 1　明确工作任务

学习目标

1. 能根据工作任务做好学习资源准备。
2. 能通过阅读任务信息，明确工作目标。

建议学时：0.5 课时

学习过程

一、学习资源准备

准备《PLC 技术及应用基础教程》教材、相关 PPT 课件或视频动画、FX_{2N}使用说明书、安全操作规程等教学资源。

二、明确工作任务目标

请认真阅读本次任务的学习目标和工作情景，完成以下题目：

1. 本次任务主要是掌握三菱 FX 系列 PLC 的________________，熟悉三菱 FX 系列 PLC 的__________和____________及外部设备等。

2. 本次任务的技能目标是能识别三菱 FX 系列 PLC 的各硬件组成部分及__________，能识别面板元件功能及__________。

3. 图 1—2—1 所示的 PLC 的型号为____________。

学习活动2 工 作 准 备

学习目标

1. 能自主通过不同形式查阅相关学习资料。
2. 能个人完成工作页资料的查阅和填写。
3. 能制定合理的工作计划。
4. 会组织组员合理分工。

建议学时：1课时

学习过程

一、查阅资料完成以下问题

1. 三菱FX系列PLC面板主要分为__________，__________，__________，__________，__________五个部分。

2. PLC的"I/O"其英文原文是__________，中文含义是__________。

3. PLC内部结构从上至下依次为（ ）。

A. CPU电路板、I/O接口电路板、电源电路板

B. I/O接口电路板、电源电路板、CPU电路板

C. CPU电路板、电源电路板、I/O接口电路板

二、制定工作计划

<table>
<tr><td colspan="6">“认识 PLC 的硬件结构系统”工作计划</td></tr>
<tr><td>班级</td><td></td><td>小组名称</td><td></td><td>时间</td><td>年　月　日</td></tr>
<tr><td colspan="6">（一）组员分工</td></tr>
<tr><td colspan="2">组员姓名</td><td colspan="4">组员分配任务（从下面任务分工选项中进行选择）</td></tr>
<tr><td>1</td><td></td><td colspan="4"></td></tr>
<tr><td>2</td><td></td><td colspan="4"></td></tr>
<tr><td>3</td><td></td><td colspan="4"></td></tr>
<tr><td>4</td><td></td><td colspan="4"></td></tr>
<tr><td>5</td><td></td><td colspan="4"></td></tr>
<tr><td colspan="6">分工选项</td></tr>
<tr><td colspan="6">A. 组织人员分工：负责组织组员合理分工，并督促组员完成分工任务
B. 网络信息获取：负责通过手机或者电脑网络搜索获取完成任务所需的信息
C. 书本、PPT 信息获取：负责通过查阅书本和 PPT 获取完成任务所需的信息
D. 信息处理与记录：负责提示组员所需获取的信息内容，筛选已获取的信息，并完成信息记录
E. 工作过程记录：负责本任务的过程记录工作（包括视频、图片等形式），并设计小组成果展示汇报</td></tr>
<tr><td colspan="2">建议</td><td colspan="4">1. 建议按照学生以往成绩由教师进行搭配分组或学生自由组合
2. 建议每组组员 3～4 人
3. 分工选项可以根据实际需求进行增加或减少</td></tr>
<tr><td colspan="6">（二）工具材料清单</td></tr>
<tr><td>序号</td><td>工具或材料名称</td><td>型号规格</td><td>数量</td><td colspan="2">备注</td></tr>
<tr><td></td><td></td><td></td><td></td><td colspan="2"></td></tr>
<tr><td></td><td></td><td></td><td></td><td colspan="2"></td></tr>
<tr><td></td><td></td><td></td><td></td><td colspan="2"></td></tr>
<tr><td></td><td></td><td></td><td></td><td colspan="2"></td></tr>
<tr><td></td><td></td><td></td><td></td><td colspan="2"></td></tr>
<tr><td></td><td></td><td></td><td></td><td colspan="2"></td></tr>
</table>

续表

（二）工具材料清单				
序号	工具或材料名称	型号规格	数量	备注

（三）工序步骤安排			
序号	工作内容	计划用时	备注

（四）安全防护措施建议

学习活动 3　工 作 实 施

学习目标

1. 能根据任务工作计划，落实实施步骤。
2. 能够通过小组协作方式完成任务工作计划。

建议学时：1.5 课时

学习过程

一、认识 PLC 外形

1. 请写出下图所指的分别是 PLC 的什么部分，填写在方框中。

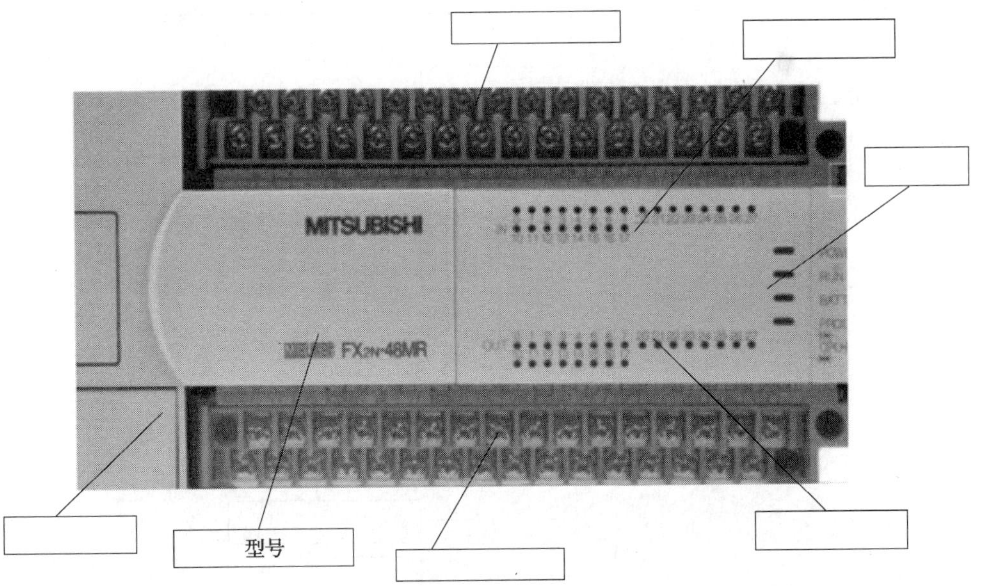

2. 图 1—2—1 所示的 PLC 中，上面两排端子是________端子，有______个接线柱。

3. PLC 的外部交流电源端子有______、______、______三个接线端子，通过这部分端子使 PLC 外接 AC 220 V 电源。

4. ______________为 PLC 输入（IN）继电器的接线端子，是将外部信号引入 PLC 的必经通道。

5. 图 1—2—1 所示的 PLC 中，下面两排端子是________________端子，有______接线柱。

6. 图 1—2—1 所示 PLC 一共有________组指示灯，每组有________个。完成下面 PLC 指示灯说明表。

图示	指示灯	指示灯的状态与当前运行的状态
POWER RUN BATT.V PROG–E CPU–E	POWER 电源指示灯（绿灯）	
	RUN 运行指示灯（绿灯）	
	BATT. V 内部锂电池电压低指示灯（红灯）	
	PROG. E 程序出错指示灯（红灯闪烁） CPU. E CPU 故障指示灯（红灯常亮）	

二、认识 PLC 的结构与功能

1. 完成三菱 FX 系列 PLC 型号各个符号代表的意义并写出图 1—2—1 所示的 PLC 型号含义。

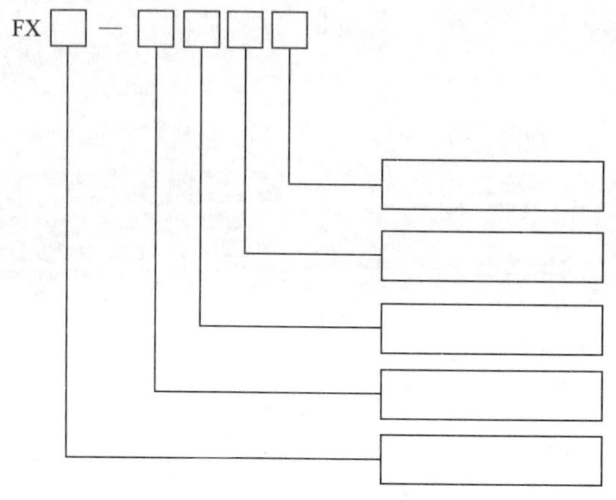

2. 完成以下 PLC 内部结构图、名称和功能匹配。

名称：	功能：
A. I/O 电路板	①用于完成 PLC 的运算、存储和控制功能
B. 电源电路板	②用于为 PLC 内部各电路提供所需的工作电压
C. CPU 电路板	③用于对 PLC 的 I/O 信号进行处理

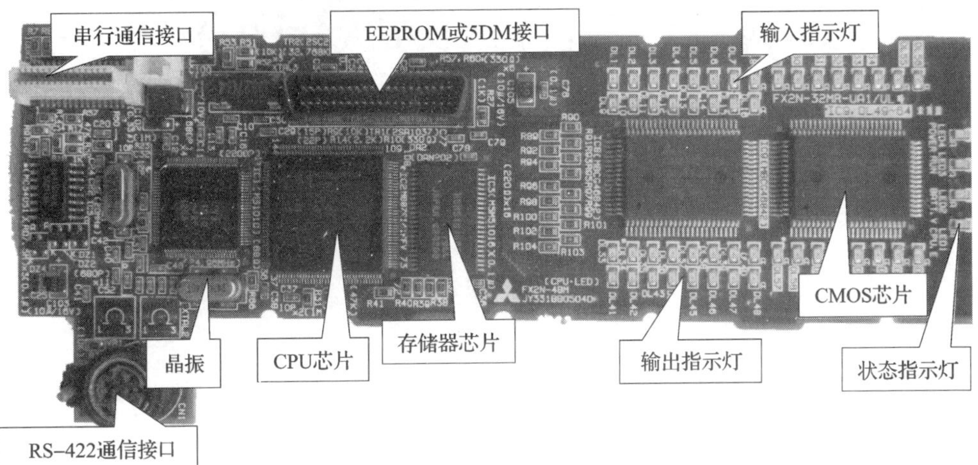

名称：__________ 功能 __________

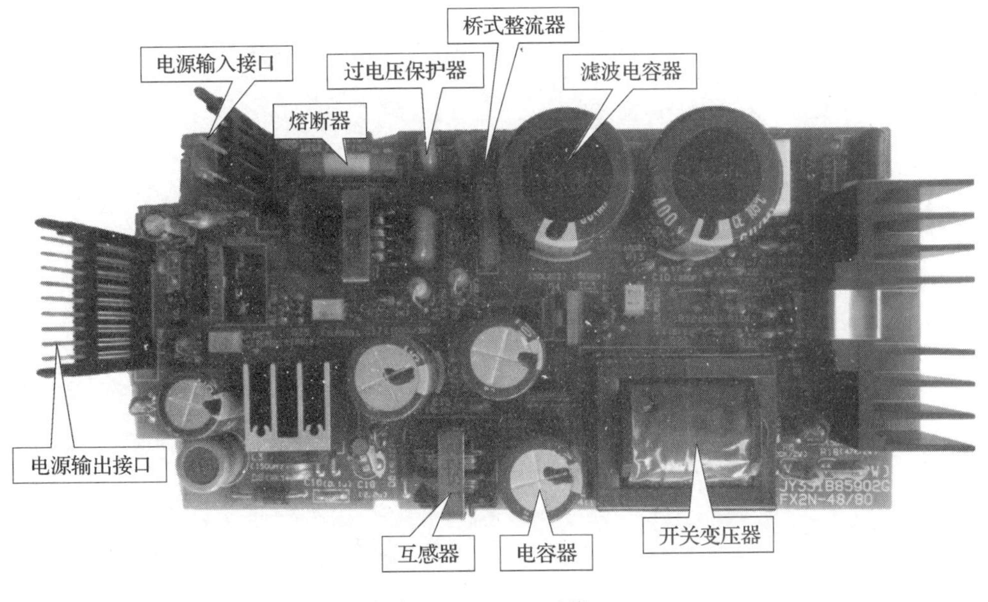

名称：__________ 功能 __________

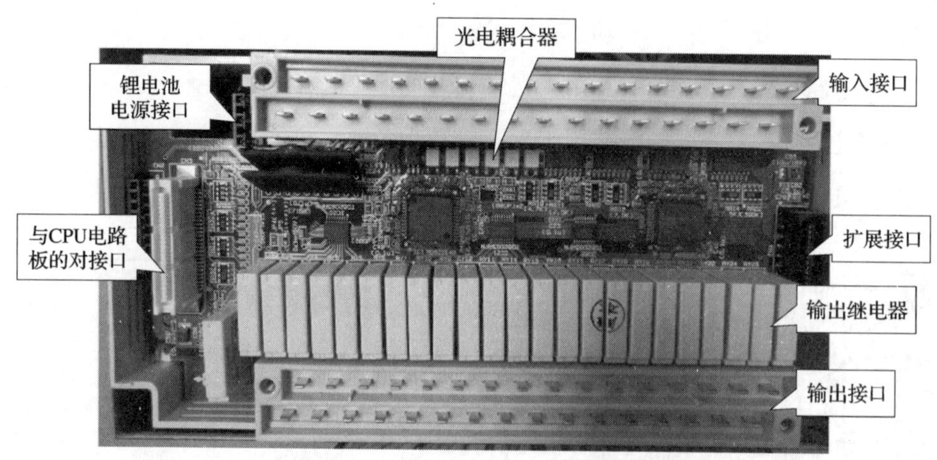

名称：__________ 功能 __________

学习活动 4　总结与评价

学习目标

1. 能以小组形式，对学习过程和实训成果进行汇报总结。
2. 能客观公正地对任务完成情况进行自评、组评。

建议学时：1 课时

学习过程

一、工作总结

1. 个人撰写工作小结

任务工作小结

班级		任务名称		撰写人		学号	

续表

班级		任务名称		撰写人		学号	
（可以附页）							

2. 成果展示与汇报

以小组为单位，选择演示文稿、展板、录像、演讲等形式中的一种或几种，向全班展示、汇报学习成果。

二、综合评价

评价表

<table>
<tr><td>班级</td><td></td><td>姓名</td><td></td><td>学号</td><td></td><td>日期</td><td>年　月　日</td></tr>
<tr><td colspan="2">学习任务名称</td><td colspan="6"></td></tr>
<tr><td rowspan="11">自我评价</td><td>1</td><td colspan="4">6S 管理</td><td colspan="2">□符合　□不符合</td></tr>
<tr><td>2</td><td colspan="4">能准时上、下课</td><td colspan="2">□符合　□不符合</td></tr>
<tr><td>3</td><td colspan="4">着装符合职业规范</td><td colspan="2">□符合　□不符合</td></tr>
<tr><td>4</td><td colspan="4">能独立完成工作页填写</td><td colspan="2">□能　□不能</td></tr>
<tr><td>5</td><td colspan="4">利用教材、课件和网络资源等查找有效信息</td><td colspan="2">□能　□不能</td></tr>
<tr><td>6</td><td colspan="4">能正确使用工具及设备</td><td colspan="2">□能　□不能</td></tr>
<tr><td>7</td><td colspan="4">能制定合理的任务实施计划及人员分工</td><td colspan="2">□能　□不能</td></tr>
<tr><td>8</td><td colspan="4">工作过程中材料工具能摆放整齐</td><td colspan="2">□能　□不能</td></tr>
<tr><td>9</td><td colspan="4">工作过程中自觉遵守安全用电规范</td><td colspan="2">□能　□不能</td></tr>
<tr><td>10</td><td colspan="4">工作完成后自觉整理、清理工位</td><td colspan="2">□能　□不能</td></tr>
<tr><td colspan="5">学习效果自我评价等级：
自我评价人签名：</td><td colspan="2">□优　□良
□合格　□不合格</td></tr>
<tr><td rowspan="10">小组评价</td><td>11</td><td colspan="4">能在小组内积极发言，出谋划策</td><td colspan="2">□能　□不能</td></tr>
<tr><td>12</td><td colspan="4">能积极配合小组成员完成工作任务</td><td colspan="2">□优　□良
□合格　□不合格</td></tr>
<tr><td>13</td><td colspan="4">能积极完成所分配的工作任务</td><td colspan="2">□优　□良
□合格　□不合格</td></tr>
<tr><td>14</td><td colspan="4">能清晰表达自己的观点</td><td colspan="2">□能　□不能</td></tr>
<tr><td>15</td><td colspan="4">具有安全、规范和环保意识</td><td colspan="2">□能　□不能</td></tr>
<tr><td>16</td><td colspan="4">遵守课堂纪律，不做与课程无关的事</td><td colspan="2">□能　□不能</td></tr>
<tr><td>17</td><td colspan="4">爱护公共财物，自觉维护教学设备的完好性</td><td colspan="2">□能　□不能</td></tr>
<tr><td>18</td><td colspan="4">能撰写个人任务学习小结</td><td colspan="2">□优　□良
□合格　□不合格</td></tr>
<tr><td>19</td><td colspan="4">是否造成工量具或教学设备可修复性损坏</td><td colspan="2">□是　□否</td></tr>
<tr><td colspan="5">学习效果小组评价等级：
小组评分人签名：</td><td colspan="2">□优　□良
□合格　□不合格</td></tr>
</table>

续表

<table>
<tr><td>班级</td><td></td><td>姓名</td><td></td><td>学号</td><td></td><td>日期</td><td>年 月 日</td></tr>
<tr><td colspan="2">学习任务名称</td><td colspan="6"></td></tr>
<tr><td rowspan="3">教师评价</td><td colspan="5">综合评价等级：</td><td colspan="2">□优 □良
□合格 □不合格</td></tr>
<tr><td colspan="5">加分奖励</td><td colspan="2">□2 分 □5 分
□8 分 □10 分</td></tr>
<tr><td colspan="7">评语：

指导教师：</td></tr>
<tr><td>学生个人成绩评定</td><td colspan="7"></td></tr>
<tr><td>评价实施说明</td><td colspan="7">1. 在任务实施过程中未出现人身伤害事故或设备严重损坏的前提下进行评价
2. 评价方法
（1）自我评价：1～10 项中，能达到 9 项及以上要求为优，能达到 7 项及以上为良，能达到 6 项及以上为合格，低于 6 项为不合格
（2）小组评价：11～19 项中，能达到 8 项及以上要求为优，能达到 6 项及以上为良，能达到 5 项及以上为合格，低于 5 项为不合格
（3）教师综合评价：教师根据学生自我评价、小组评价以及课堂记录，对每个学生工作任务完成情况进行综合等级评价，综合评价等级与分数的对应关系为：优：90 分，良：75 分，合格：60 分，不合格：50 分
（4）学生个人成绩评定：学生个人成绩 = 综合评价分 + 奖励分</td></tr>
</table>

学习任务三　认识 PLC 的软元件

学习目标

知识目标：

1. 了解三菱 PLC 软元件的种类。
2. 了解三菱 PLC 位元件的功能及特点。

技能目标：

能熟练使用三菱 PLC 位元件。

建议学时

4 课时

工作情景描述

某单位由于技术升级，准备大批量使用 PLC 作为生产设备的控制器，需要大量懂得 PLC 技术的工作人员，现准备对员工进行培训，要求员工熟悉三菱 FX_{2N}系列 PLC，认识并掌握这些软元件的使用方法，为今后的编程应用打下良好基础。

工作过程与学习活动

学习活动 1　明确工作任务

学习活动 2　工作准备

学习活动 3　工作实施

学习活动4 总结与评价

温馨提示：在工作过程中遵守6S规范，严格遵守用电、消防等安全规程要求，工作完成后按照现场管理规范清理场地、归置物品。

学习活动 1　明确工作任务

学习目标

1. 能根据工作任务做好学习资源准备。
2. 能通过阅读任务信息，明确工作目标。

建议学时：0.5 课时

学习过程

一、学习资源准备

准备《PLC 技术及应用基础教程》教材、相关 PPT 课件或视频动画、FX_{2N}使用说明书、安全操作规程等教学资源。

二、明确工作任务目标

请认真阅读本次任务的学习目标和工作情景，完成以下题目：

1. FX 系列 PLC 产品的内部____________，也就是支持该机型编程语言的软元件，一般称它们为“____________”。

2. 本次任务主要是了解三菱 PLC __________的种类，了解__________的功能和特点。

A. 软元件　B. 位元件　C. 字元件　D. 位与字混合元件

3. 本次任务的技能目标是熟悉三菱 PLC __________的使用方法。

学习活动2 工 作 准 备

学习目标

1. 能自主通过不同途径查阅相关学习资料。
2. 能个人完成工作页资料的查阅和填写。
3. 能制定合理的工作计划。
4. 会组织组员合理分工。

建议学时：1 课时

学习过程

一、查阅资料完成以下问题

1. 在 PLC 中，采用________来模拟各种常规控制电器元件的软元件。

2. PLC 的软元件类型有________、________、________。

3. PLC 中的________、________、________和________均为位元件。

4. 最典型的字元件为________。

5. 一个数据寄存器可以存放____位二进制数。

A. 16　　B. 24　　C. 32　　D. 64

二、制定工作计划

<table>
<tr><td colspan="6">“认识 PLC 的软元件” 工作计划</td></tr>
<tr><td>班级</td><td></td><td>小组名称</td><td></td><td>时间</td><td>年　月　日</td></tr>
<tr><td colspan="6">（一）组员分工</td></tr>
<tr><td colspan="2">组员姓名</td><td colspan="4">组员分配任务（从下面任务分工选项中进行选择）</td></tr>
<tr><td>1</td><td></td><td colspan="4"></td></tr>
<tr><td>2</td><td></td><td colspan="4"></td></tr>
<tr><td>3</td><td></td><td colspan="4"></td></tr>
<tr><td>4</td><td></td><td colspan="4"></td></tr>
<tr><td>5</td><td></td><td colspan="4"></td></tr>
<tr><td colspan="6">分工选项</td></tr>
<tr><td colspan="6">A. 组织人员分工：负责组织组员合理分工，并督促组员完成分工任务
B. 网络信息获取：负责通过手机或者电脑网络搜索获取完成任务所需的信息
C. 书本、PPT 信息获取：负责通过查阅书本和 PPT 获取完成任务所需的信息
D. 信息处理与记录：负责提示组员所需获取的信息内容，筛选已获取的信息，并完成信息记录
E. 工作过程记录：负责本任务的过程记录工作（包括视频、图片等形式），并设计小组成果展示汇报</td></tr>
<tr><td colspan="2">建议</td><td colspan="4">1. 建议按照学生以往成绩由教师进行搭配分组或学生自由组合
2. 建议每组组员 3～4 人
3. 分工选项可以根据实际需求进行增加或减少</td></tr>
</table>

<table>
<tr><td colspan="5">（二）工具材料清单</td></tr>
<tr><td>序号</td><td>工具或材料名称</td><td>型号规格</td><td>数量</td><td>备注</td></tr>
<tr><td></td><td></td><td></td><td></td><td></td></tr>
<tr><td></td><td></td><td></td><td></td><td></td></tr>
<tr><td></td><td></td><td></td><td></td><td></td></tr>
<tr><td></td><td></td><td></td><td></td><td></td></tr>
<tr><td></td><td></td><td></td><td></td><td></td></tr>
<tr><td></td><td></td><td></td><td></td><td></td></tr>
</table>

续表

（二）工具材料清单				
序号	工具或材料名称	型号规格	数量	备注

（三）工序步骤安排			
序号	工作内容	计划用时	备注

（四）安全防护措施建议

学习活动 3　工 作 实 施

学习目标

1. 能根据任务工作计划，落实实施步骤。
2. 能够通过小组协作方式完成任务工作计划。

建议学时：1.5 课时

学习过程

查阅资料，完成下表。

填表说明：

分类：按照每种软元件的类别分别填写，各类别的作用也要分别写出。比如辅助继电器分成普通和特殊两种，计数器分成普通和高速两种，普通计数器也有分类，都应一一写出。

编号规则：指的是该类软元件的编号起止（如 X0 ~ X8 等），还包括比如 X、Y 的 8 进制编号特点等。

三菱 FX_{2N} 系列 PLC 常用软元件

软元件	英文符号	分类	编号规则	作用和特点
输入继电器				
输出继电器				

续表

<table>
<tr><th>软元件</th><th>英文符号</th><th>分类</th><th>编号规则</th><th>作用和特点</th></tr>
<tr><td>辅助继电器</td><td></td><td></td><td></td><td></td></tr>
<tr><td>状态继电器</td><td></td><td></td><td></td><td></td></tr>
<tr><td>定时器</td><td></td><td></td><td></td><td></td></tr>
<tr><td>计数器</td><td></td><td></td><td></td><td></td></tr>
<tr><td rowspan="2">数据寄存器</td><td rowspan="2"></td><td rowspan="2"></td><td rowspan="2"></td><td>16 位数据寄存器：</td></tr>
<tr><td>32 位数据寄存器</td></tr>
<tr><td>指针</td><td></td><td></td><td></td><td></td></tr>
<tr><td>嵌套层次</td><td></td><td></td><td></td><td></td></tr>
<tr><td rowspan="2">常数</td><td></td><td></td><td></td><td></td></tr>
<tr><td></td><td></td><td></td><td></td></tr>
</table>

学习活动 4　总结与评价

学习目标

1. 能以小组形式，对学习过程和实训成果进行汇报总结。
2. 能客观公正地对任务完成情况进行自评、组评。

建议学时：1 课时

学习过程

一、工作总结

1. 个人撰写工作小结

任务工作小结

班级		任务名称		撰写人		学号	

续表

班级		任务名称		撰写人		学号	
（可以附页）							

2. 成果展示与汇报

以小组为单位，选择演示文稿、展板、录像、演讲等形式中的一种或几种，向全班展示、汇报学习成果。

二、综合评价

评价表

<table>
<tr><td>班级</td><td></td><td>姓名</td><td></td><td>学号</td><td></td><td>日期</td><td>年　月　日</td></tr>
<tr><td colspan="2">学习任务名称</td><td colspan="6"></td></tr>
<tr><td rowspan="11">自我评价</td><td>1</td><td colspan="4">6S 管理</td><td>□符合</td><td>□不符合</td></tr>
<tr><td>2</td><td colspan="4">能准时上、下课</td><td>□符合</td><td>□不符合</td></tr>
<tr><td>3</td><td colspan="4">着装符合职业规范</td><td>□符合</td><td>□不符合</td></tr>
<tr><td>4</td><td colspan="4">能独立完成工作页填写</td><td>□能</td><td>□不能</td></tr>
<tr><td>5</td><td colspan="4">利用教材、课件和网络资源等查找有效信息</td><td>□能</td><td>□不能</td></tr>
<tr><td>6</td><td colspan="4">能正确使用工具及设备</td><td>□能</td><td>□不能</td></tr>
<tr><td>7</td><td colspan="4">能制定合理的任务实施计划及人员分工</td><td>□能</td><td>□不能</td></tr>
<tr><td>8</td><td colspan="4">工作过程中材料工具能摆放整齐</td><td>□能</td><td>□不能</td></tr>
<tr><td>9</td><td colspan="4">工作过程中自觉遵守安全用电规范</td><td>□能</td><td>□不能</td></tr>
<tr><td>10</td><td colspan="4">工作完成后自觉整理、清理工位</td><td>□能</td><td>□不能</td></tr>
<tr><td colspan="5">学习效果自我评价等级：
自我评价人签名：</td><td>□优
□合格</td><td>□良
□不合格</td></tr>
<tr><td rowspan="10">小组评价</td><td>11</td><td colspan="4">能在小组内积极发言，出谋划策</td><td>□能</td><td>□不能</td></tr>
<tr><td>12</td><td colspan="4">能积极配合小组成员完成工作任务</td><td>□优
□合格</td><td>□良
□不合格</td></tr>
<tr><td>13</td><td colspan="4">能积极完成所分配的工作任务</td><td>□优
□合格</td><td>□良
□不合格</td></tr>
<tr><td>14</td><td colspan="4">能清晰表达自己的观点</td><td>□能</td><td>□不能</td></tr>
<tr><td>15</td><td colspan="4">具有安全、规范和环保意识</td><td>□能</td><td>□不能</td></tr>
<tr><td>16</td><td colspan="4">遵守课堂纪律，不做与课程无关的事</td><td>□能</td><td>□不能</td></tr>
<tr><td>17</td><td colspan="4">爱护公共财物，自觉维护教学设备的完好性</td><td>□能</td><td>□不能</td></tr>
<tr><td>18</td><td colspan="4">能撰写个人任务学习小结</td><td>□优
□合格</td><td>□良
□不合格</td></tr>
<tr><td>19</td><td colspan="4">是否造成工量具或教学设备可修复性损坏</td><td>□是</td><td>□否</td></tr>
<tr><td colspan="5">学习效果小组评价等级：
小组评分人签名：</td><td>□优
□合格</td><td>□良
□不合格</td></tr>
</table>

续表

<table>
<tr><td>班级</td><td></td><td>姓名</td><td></td><td>学号</td><td></td><td>日期</td><td>年 月 日</td></tr>
<tr><td colspan="2">学习任务名称</td><td colspan="6"></td></tr>
<tr><td rowspan="3">教师评价</td><td colspan="4">综合评价等级：</td><td colspan="3">□优 □良
□合格 □不合格</td></tr>
<tr><td colspan="4">加分奖励</td><td colspan="3">□2 分 □5 分
□8 分 □10 分</td></tr>
<tr><td colspan="7">评语：

指导教师：</td></tr>
<tr><td>学生个人成绩评定</td><td colspan="7"></td></tr>
<tr><td>评价实施说明</td><td colspan="7">1. 在任务实施过程中未出现人身伤害事故或设备严重损坏的前提下进行评价
2. 评价方法
（1）自我评价：1～10 项中，能达到 9 项及以上要求为优，能达到 7 项及以上为良，能达到 6 项及以上为合格，低于 6 项为不合格
（2）小组评价：11～19 项中，能达到 8 项及以上要求为优，能达到 6 项及以上为良，能达到 5 项及以上为合格，低于 5 项为不合格
（3）教师综合评价：教师根据学生自我评价、小组评价以及课堂记录，对每个学生工作任务完成情况进行综合等级评价，综合评价等级与分数的对应关系为：优：90 分，良：75 分，合格：60 分，不合格：50 分
（4）学生个人成绩评定：学生个人成绩 = 综合评价分 + 奖励分</td></tr>
</table>

学习任务四　安装与调试三菱 FX_{2N} 系列 PLC

学习目标

知识目标：

1. 了解 PLC 控制系统的安装调试过程。
2. 理解 PLC 控制系统与继电器控制系统的联系与区别。
3. 理解 PLC 的工作原理。

技能目标：

能完成 PLC 控制系统的简单安装和调试。

建议学时

4 课时

工作情景描述

某单位由于技术升级，准备大批量使用 PLC 作为生产设备的控制器，需要大量懂得 PLC 技术的工作人员，现准备对员工进行培训，要求员工熟悉三菱 FX_{2N} 系列 PLC，通过本任务掌握三菱 FX_{2N} 系列 PLC 的安装与调试，并掌握 PLC 的工作原理等相关理论知识。

工作过程与学习活动

学习活动 1　明确工作任务

学习活动 2 工作准备

学习活动 3 工作实施

学习活动 4 总结与评价

温馨提示：在工作过程中遵守 6S 规范，严格遵守用电、消防等安全规程要求，工作完成后按照现场管理规范清理场地、归置物品。

学习活动1　明确工作任务

学习目标

1. 能根据工作任务做好学习资源准备。
2. 能通过阅读任务信息，明确工作目标。

建议学时：0.5 课时

学习过程

一、学习资源准备

准备《PLC 技术及应用基础教程》教材、相关 PPT 课件或视频动画、FX_{2N}使用说明书、安全操作规程等教学资源。

二、明确工作任务目标

请认真阅读本次任务的学习目标和工作情景，完成以下题目：

1. 本次任务主要需要了解 PLC 控制系统的____________过程，理解 PLC 控制系统与____________的联系和区别以及 PLC 的工作原理。

2. 本次任务的技能目标是掌握三菱 FX_{2N}系列 PLC 的____________和____________。

学习活动2 工 作 准 备

学习目标

1. 能自主通过不同途径查阅相关学习资料。
2. 能个人完成工作页资料的查阅和填写。
3. 能制定合理的工作计划。
4. 会组织组员合理分工。

建议学时：1 课时

学习过程

一、查阅资料完成以下问题

1. PLC 的工作原理与__________的工作原理基本上是一致的，可以简单地表述为在__________的管理下，通过运行____________完成用户任务。

2. 计算机一般采用__________的工作方式，PLC 采用__________的工作方式。

3. 下列关于 PLC 的工作过程正确顺序为（　　）。

A. 上电处理，扫描过程，出错处理

B. 扫描过程，上电处理，出错处理

C. 上电处理，出错处理，扫描过程

D. 出错处理，扫描过程，上电处理

4. 完成 PLC 工作方式流程图。

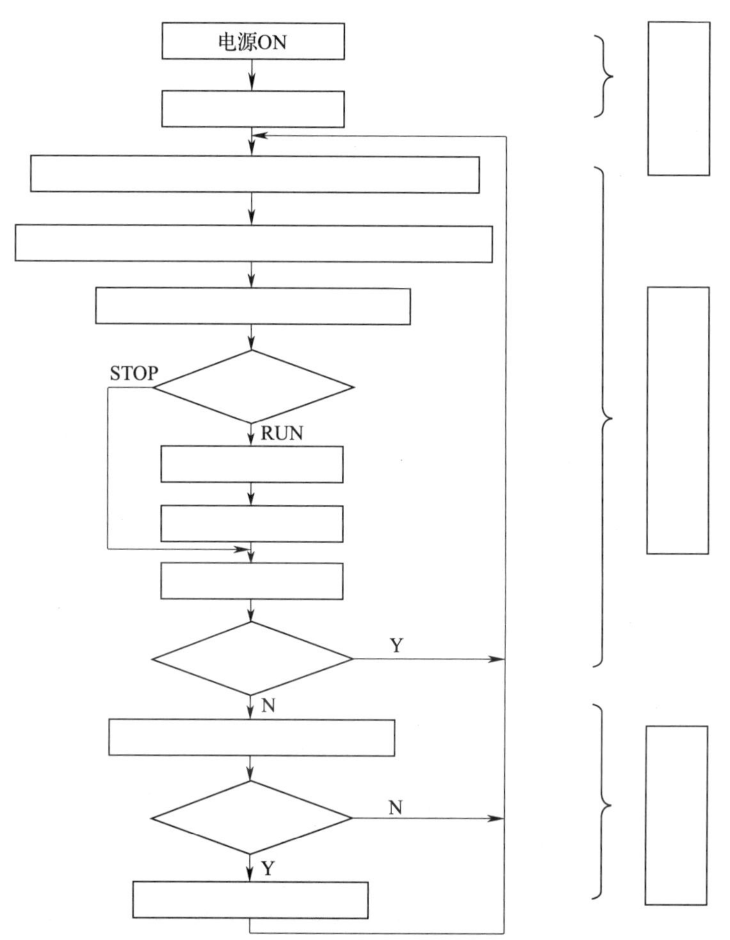

5. PLC 的扫描过程分成__________、__________、__________、__________几个阶段。

二、制定工作计划

"安装与调试三菱 FX_{2N}系列 PLC" 工作计划					
班级		小组名称		时间	年　月　日
(一) 组员分工					
组员姓名		组员分配任务（从下面任务分工选项中进行选择）			
1					
2					
3					
4					
5					

续表

<table>
<tr><td colspan="5">分工选项</td></tr>
<tr><td colspan="5">A. 组织人员分工：负责组织组员合理分工，并督促组员完成分工任务
B. 网络信息获取：负责通过手机或者电脑网络搜索获取完成任务所需的信息
C. 书本、PPT 信息获取：负责通过查阅书本和 PPT 获取完成任务所需的信息
D. 信息处理与记录：负责提示组员所需获取的信息内容，筛选已获取的信息，并完成信息记录
E. 工作过程记录：负责本任务的过程记录工作（包括视频、图片等形式），并设计小组成果展示汇报
F. PLC 安装：负责列出安装材料清单，并按要求安装 PLC
G. 安装检查与调试：负责检查元件在配线板上布置是否合理，安装是否准确、紧固，配线导线是否紧固、美观，并通电调试</td></tr>
<tr><td colspan="2">建议</td><td colspan="3">1. 建议按照学生以往成绩由教师进行搭配分组或学生自由组合
2. 建议每组组员 3 ~4 人
3. 分工选项可以根据实际需求进行增加或减少</td></tr>
<tr><td colspan="5">（二）工具材料清单</td></tr>
<tr><td>序号</td><td>工具或材料名称</td><td>型号规格</td><td>数量</td><td>备注</td></tr>
<tr><td></td><td></td><td></td><td></td><td></td></tr>
<tr><td></td><td></td><td></td><td></td><td></td></tr>
<tr><td></td><td></td><td></td><td></td><td></td></tr>
<tr><td></td><td></td><td></td><td></td><td></td></tr>
<tr><td></td><td></td><td></td><td></td><td></td></tr>
<tr><td></td><td></td><td></td><td></td><td></td></tr>
<tr><td></td><td></td><td></td><td></td><td></td></tr>
<tr><td></td><td></td><td></td><td></td><td></td></tr>
<tr><td></td><td></td><td></td><td></td><td></td></tr>
<tr><td></td><td></td><td></td><td></td><td></td></tr>
</table>

续表

（三）工序步骤安排			
序号	工作内容	计划用时	备注
（四）安全防护措施建议			

学习活动3 工 作 实 施

学习目标

1. 能根据任务工作计划，落实实施步骤。
2. 能够通过小组协作方式完成任务工作计划。

建议学时：1.5 课时

学习过程

一、查阅资料

1. 完成下列三菱 PLC 环境要求表。

主要参数	允许范围
环境温度	
相对湿度	
耐震动（直接螺钉安装）	
耐震动（DIN 导轨安装）	
耐冲击	
电磁辐射干扰	

2. 完成下列有关 PLC 安装时注意事项判断题。

（1）安装 PLC 时，可将 PLC 与高压电气设备（3 000 V 以上）布置于同一电气柜内。 （ ）

（2）安装 PLC 时，避免在周围有强磁场、强电场的场所安装。 （ ）

（3）安装有 PLC 的电气柜，应尽量避免布置在有强烈震动与冲击的场所。 （ ）

（4）避免在周围有灰尘、导电粉尘、油雾、烟雾、盐雾的场所安装。 （ ）

3. 列出 PLC 安装元件材料清单。

序号	器件名称	型号	数量

二、安装调试

按下图完成 PLC 的安装与调试，将输入端与 COM 连接观察并记录输入。

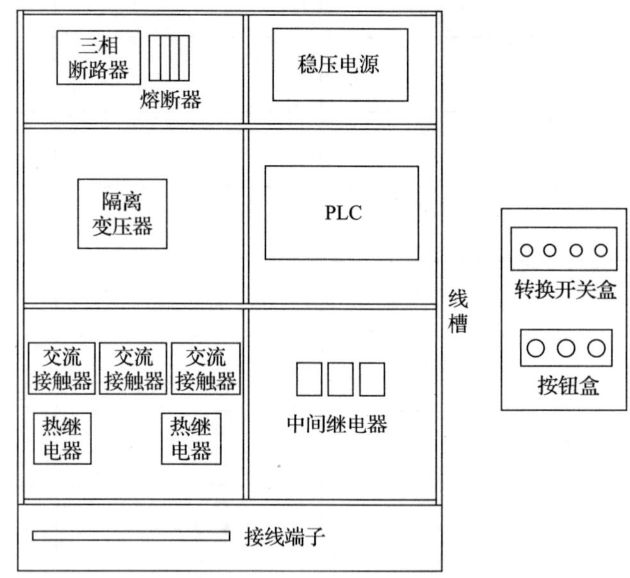

学习活动 4　总结与评价

学习目标

1. 能以小组形式，对学习过程和实训成果进行汇报总结。
2. 能客观公正地对任务完成情况进行自评、组评。

建议学时：1 课时

学习过程

一、工作总结

1. 个人撰写工作小结

任务工作小结

班级		任务名称		撰写人		学号	

续表

班级		任务名称		撰写人		学号	

（可以附页）

2. 成果展示与汇报

以小组为单位，选择演示文稿、展板、录像、演讲等形式中的一种或几种，向全班展示、汇报学习成果。

二、综合评价

评价表

班级		姓名		学号		日期	年　月　日
学习任务名称							
自我评价	1	6S 管理				□符合	□不符合
	2	能准时上、下课				□符合	□不符合
	3	着装符合职业规范				□符合	□不符合
	4	能独立完成工作页填写				□能	□不能
	5	利用教材、课件和网络资源等查找有效信息				□能	□不能
	6	能正确使用工具及设备				□能	□不能
	7	能制定合理的任务实施计划及人员分工				□能	□不能
	8	工作过程中材料工具能摆放整齐				□能	□不能
	9	工作过程中自觉遵守安全用电规范				□能	□不能
	10	工作完成后自觉整理、清理工位				□能	□不能
	学习效果自我评价等级： 自我评价人签名：					□优 □合格	□良 □不合格
小组评价	11	能在小组内积极发言，出谋划策				□能	□不能
	12	能积极配合小组成员完成工作任务				□优 □合格	□良 □不合格
	13	能积极完成所分配的工作任务				□优 □合格	□良 □不合格
	14	能清晰表达自己的观点				□能	□不能
	15	具有安全、规范和环保意识				□能	□不能
	16	遵守课堂纪律，不做与课程无关的事				□能	□不能
	17	爱护公共财物，自觉维护教学设备的完好性				□能	□不能
	18	能撰写个人任务学习小结				□优 □合格	□良 □不合格
	19	是否造成工量具或教学设备可修复性损坏				□是	□否
	学习效果小组评价等级： 小组评分人签名：					□优 □合格	□良 □不合格

续表

<table>
<tr><td>班级</td><td></td><td>姓名</td><td></td><td>学号</td><td></td><td>日期</td><td>年 月 日</td></tr>
<tr><td colspan="2">学习任务名称</td><td colspan="6"></td></tr>
<tr><td rowspan="3">教师
评价</td><td colspan="5">综合评价等级：</td><td colspan="2">□优 □良
□合格 □不合格</td></tr>
<tr><td colspan="5">加分奖励</td><td colspan="2">□2 分 □5 分
□8 分 □10 分</td></tr>
<tr><td colspan="7">评语：

指导教师：</td></tr>
<tr><td>学生个人
成绩评定</td><td colspan="7"></td></tr>
<tr><td>评价
实施
说明</td><td colspan="7">1. 在任务实施过程中未出现人身伤害事故或设备严重损坏的前提下进行评价
2. 评价方法
（1）自我评价：1～10 项中，能达到 9 项及以上要求为优，能达到 7 项及以上为良，能达到 6 项及以上为合格，低于 6 项为不合格
（2）小组评价：11～19 项中，能达到 8 项及以上要求为优，能达到 6 项及以上为良，能达到 5 项及以上为合格，低于 5 项为不合格
（3）教师综合评价：教师根据学生自我评价、小组评价以及课堂记录，对每个学生工作任务完成情况进行综合等级评价，综合评价等级与分数的对应关系为：优：90 分，良：75 分，合格：60 分，不合格：50 分
（4）学生个人成绩评定：学生个人成绩 = 综合评价分 + 奖励分</td></tr>
</table>

学习任务五　认识 GX – Developer 编程软件

学习目标

知识目标：

了解 GX – Developer 软件界面及主要功能。

技能目标：

1. 能熟练输入简单的梯形图。
2. 能利用 PLC 编程软件进行编辑、调试、仿真等基本操作。

建议学时

4 课时

工作情景描述

某单位由于技术升级，准备大批量使用 PLC 作为生产设备的控制器，需要大量懂得 PLC 技术的工作人员，现准备对员工进行培训，要求员工熟悉三菱 FX_{2N}系列 PLC 编程软件 GX – Developer 的操作。

工作过程与学习活动

学习活动 1　明确工作任务

学习活动 2　工作准备

学习活动 3　工作实施

学习活动 4 总结与评价

温馨提示：在工作过程中遵守 6S 规范，严格遵守用电、消防等安全规程要求，工作完成后按照现场管理规范清理场地、归置物品。

学习活动 1　明确工作任务

学习目标

1. 能根据工作任务做好学习资源准备。

2. 能通过阅读任务信息，明确工作目标。

建议学时：0.5 课时

学习过程

一、学习资源准备

准备《PLC 技术及应用基础教程》教材、相关 PPT 课件或视频动画、FX_{2N}使用说明书、安全操作规程等教学资源。

二、明确工作任务目标

请认真阅读本次任务的学习目标和工作情景，完成以下题目：

1. 本次任务主要是了解 GX - Developer ____________和__________。

2. 本次任务的技能目标是掌握梯形图的____________操作，掌握利用 PLC 编程软件进行________、________、________等基本操作。

学习活动2 工 作 准 备

学习目标

1. 能自主通过不同途径查阅相关学习资料。
2. 能个人完成工作页资料的查阅和填写。
3. 能制定合理的工作计划。
4. 会组织组员合理分工。

建议学时：1 课时

学习过程

一、查阅资料完成以下问题

1. 三菱 PLC 常见的编程软件有______________、______________、______________。

2. GX - Developer 是三菱通用性较强的编程软件，它能够完成__________、________、________、________、________、________等的编辑。

二、制定工作计划

<table>
<tr><td colspan="6">“认识 GX - Developer 编程软件” 工作计划</td></tr>
<tr><td>班级</td><td></td><td>小组名称</td><td></td><td>时间</td><td>年 月 日</td></tr>
<tr><td colspan="6">（一）组员分工</td></tr>
<tr><td colspan="2">组员姓名</td><td colspan="4">组员分配任务（从下面任务分工选项中进行选择）</td></tr>
<tr><td>1</td><td></td><td colspan="4"></td></tr>
<tr><td>2</td><td></td><td colspan="4"></td></tr>
<tr><td>3</td><td></td><td colspan="4"></td></tr>
<tr><td>4</td><td></td><td colspan="4"></td></tr>
<tr><td>5</td><td></td><td colspan="4"></td></tr>
</table>

续表

<table>
<tr><td colspan="5">分工选项</td></tr>
<tr><td colspan="5">A. 组织人员分工：负责组织组员合理分工，并督促组员完成分工任务
B. 网络信息获取：负责通过手机或者电脑网络搜索获取完成任务所需的信息
C. 书本、PPT 信息获取：负责通过查阅书本和 PPT 获取完成任务所需的信息
D. 信息处理与记录：负责提示组员所需获取的信息内容，筛选已获取的信息，并完成信息记录
E. 工作过程记录：负责本任务的过程记录工作（包括视频、图片等形式），并设计小组成果展示汇报
F. 软件安装和新建工程：负责完成 GX－Developer 软件的安装、新建一个工程，并完成步骤表格
G. 梯形图的输入与更改：负责完成指定梯形图的输入和复制、粘贴、插入、改写、行（列）插入等操作，并完成步骤表格
H. 监控与调试：负责对新建工程进行在线监控与调试，并完成步骤表格</td></tr>
<tr><td colspan="2">建议</td><td colspan="3">1. 建议按照学生以往成绩由教师进行搭配分组或学生自由组合
2. 建议每组组员 3～4 人
3. 分工选项可以根据实际需求进行增加或减少</td></tr>
<tr><td colspan="5">（二）工具材料清单</td></tr>
<tr><td>序号</td><td>工具或材料名称</td><td>型号规格</td><td>数量</td><td>备注</td></tr>
<tr><td></td><td></td><td></td><td></td><td></td></tr>
<tr><td></td><td></td><td></td><td></td><td></td></tr>
<tr><td></td><td></td><td></td><td></td><td></td></tr>
<tr><td></td><td></td><td></td><td></td><td></td></tr>
<tr><td></td><td></td><td></td><td></td><td></td></tr>
<tr><td></td><td></td><td></td><td></td><td></td></tr>
<tr><td></td><td></td><td></td><td></td><td></td></tr>
<tr><td></td><td></td><td></td><td></td><td></td></tr>
<tr><td></td><td></td><td></td><td></td><td></td></tr>
<tr><td></td><td></td><td></td><td></td><td></td></tr>
</table>

续表

（三）工序步骤安排			
序号	工作内容	计划用时	备注
（四）安全防护措施建议			

学习活动3　工 作 实 施

学习目标

1. 能根据任务工作计划，落实实施步骤。
2. 能够通过小组协作方式完成任务工作计划。

建议学时：1.5 课时

学习过程

一、软件安装

1. 请完成 GX - Developer 软件的安装，并完成安装步骤表格及以下问题：

序号	步　　骤
1	下载 GX - Developer 软件包

（1）安装 GX - Developer 需要预先____________，再安装软件本身。

（2）你是从________________________下载的 GX - Developer 软件包。

（3）解压后的软件包中的________文件夹，双击________文件，完成环境的安装。

2. 请新建一个工程，并完成安装步骤表格。

序号	步骤
1	执行“开始”→“程序”→“MELSOFT 应用程序”→“GX－Developer”单击

二、软件基本操作

1. 请输入下列梯形图，并完成图形符号的各种复制、粘贴、插入、改写、行（列）插入等操作。

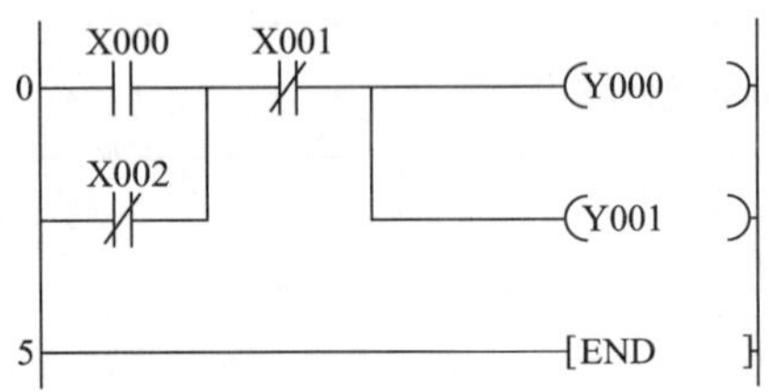

2. 对所建的工程进行在线监控、调试，并完成步骤表格。

序号	步骤
1	运行编写好的程序或从 PLC 写入，并确保程序与 PLC 能正常通信

续表

序号	步　骤

学习活动4 总结与评价

学习目标

1. 能以小组形式，对学习过程和实训成果进行汇报总结。
2. 能客观公正地对任务完成情况进行自评、组评。

建议学时：1课时

学习过程

一、工作总结

1. 个人撰写工作小结

任务工作小结

班级		任务名称		撰写人		学号	

续表

班级		任务名称		撰写人		学号	
(可以附页)							

2．成果展示与汇报

以小组为单位，选择演示文稿、展板、录像、演讲等形式中的一种或几种，向全班展示、汇报学习成果。

二、综合评价

评价表

<table>
<tr><td>班级</td><td></td><td>姓名</td><td></td><td>学号</td><td></td><td>日期</td><td>年 月 日</td></tr>
<tr><td colspan="2">学习任务名称</td><td colspan="6"></td></tr>
</table>

<table>
<tr><td rowspan="11">自我评价</td><td>1</td><td>6S 管理</td><td>□符合</td><td>□不符合</td></tr>
<tr><td>2</td><td>能准时上、下课</td><td>□符合</td><td>□不符合</td></tr>
<tr><td>3</td><td>着装符合职业规范</td><td>□符合</td><td>□不符合</td></tr>
<tr><td>4</td><td>能独立完成工作页填写</td><td>□能</td><td>□不能</td></tr>
<tr><td>5</td><td>利用教材、课件和网络资源等查找有效信息</td><td>□能</td><td>□不能</td></tr>
<tr><td>6</td><td>能正确使用工具及设备</td><td>□能</td><td>□不能</td></tr>
<tr><td>7</td><td>能制定合理的任务实施计划及人员分工</td><td>□能</td><td>□不能</td></tr>
<tr><td>8</td><td>工作过程中材料工具能摆放整齐</td><td>□能</td><td>□不能</td></tr>
<tr><td>9</td><td>工作过程中自觉遵守安全用电规范</td><td>□能</td><td>□不能</td></tr>
<tr><td>10</td><td>工作完成后自觉整理、清理工位</td><td>□能</td><td>□不能</td></tr>
<tr><td colspan="2">学习效果自我评价等级：
自我评价人签名：</td><td>□优
□合格</td><td>□良
□不合格</td></tr>
<tr><td rowspan="10">小组评价</td><td>11</td><td>能在小组内积极发言，出谋划策</td><td>□能</td><td>□不能</td></tr>
<tr><td>12</td><td>能积极配合小组成员完成工作任务</td><td>□优
□合格</td><td>□良
□不合格</td></tr>
<tr><td>13</td><td>能积极完成所分配的工作任务</td><td>□优
□合格</td><td>□良
□不合格</td></tr>
<tr><td>14</td><td>能清晰表达自己的观点</td><td>□能</td><td>□不能</td></tr>
<tr><td>15</td><td>具有安全、规范和环保意识</td><td>□能</td><td>□不能</td></tr>
<tr><td>16</td><td>遵守课堂纪律，不做与课程无关的事</td><td>□能</td><td>□不能</td></tr>
<tr><td>17</td><td>爱护公共财物，自觉维护教学设备的完好性</td><td>□能</td><td>□不能</td></tr>
<tr><td>18</td><td>能撰写个人任务学习小结</td><td>□优
□合格</td><td>□良
□不合格</td></tr>
<tr><td>19</td><td>是否造成工量具或教学设备可修复性损坏</td><td>□是</td><td>□否</td></tr>
<tr><td colspan="2">学习效果小组评价等级：
小组评分人签名：</td><td>□优
□合格</td><td>□良
□不合格</td></tr>
</table>

续表

<table>
<tr><td>班级</td><td></td><td>姓名</td><td></td><td>学号</td><td></td><td>日期</td><td>年　月　日</td></tr>
<tr><td colspan="2">学习任务名称</td><td colspan="6"></td></tr>
<tr><td rowspan="3">教师评价</td><td colspan="4">综合评价等级：</td><td colspan="3">□优　□良
□合格　□不合格</td></tr>
<tr><td colspan="4">加分奖励</td><td colspan="3">□2 分　□5 分
□8 分　□10 分</td></tr>
<tr><td colspan="7">评语：

指导教师：</td></tr>
<tr><td>学生个人成绩评定</td><td colspan="7"></td></tr>
<tr><td>评价实施说明</td><td colspan="7">1. 在任务实施过程中未出现人身伤害事故或设备严重损坏的前提下进行评价
2. 评价方法
（1）自我评价：1～10 项中，能达到 9 项及以上要求为优，能达到 7 项及以上为良，能达到 6 项及以上为合格，低于 6 项为不合格
（2）小组评价：11～19 项中，能达到 8 项及以上要求为优，能达到 6 项及以上为良，能达到 5 项及以上为合格，低于 5 项为不合格
（3）教师综合评价：教师根据学生自我评价、小组评价以及课堂记录，对每个学生工作任务完成情况进行综合等级评价，综合评价等级与分数的对应关系为：优：90 分，良：75 分，合格：60 分，不合格：50 分
（4）学生个人成绩评定：学生个人成绩＝综合评价分＋奖励分</td></tr>
</table>

项目二　PLC 基本指令与应用

学习任务一　三相异步电动机运行控制（点动、连续）

学习目标

知识目标：

1. 能理解 LD、LDI、OUT、END、AND、ANI、OR、ORI、SET、RST 指令的功能和使用方法。
2. 能掌握 PLC 输入继电器、输出继电器功能及使用方法。
3. 会使用 GX－Developer 编程软件。
4. 掌握 PLC 控制系统安装规范。

技能目标：

1. 能分析本任务功能要求，并熟练做出 PLC 的 I/O 分配表和接线图。
2. 能根据任务控制要求，利用 PLC 基本指令编写 PLC 控制程序。
3. 能根据任务控制要求，进行控制板器件的布局、外部输入输出点的接线。
4. 能使用 GX－Developer 软件对梯形图程序进行编写、更改、写入、读出监控。
5. 能将程序下载到 PLC 中，并根据控制要求调试好程序。

建议学时

8 课时

工作情景描述

某工厂有一台三相异步电动机，其电气控制线路如图 2—1—1、图 2—1—2 所示，现因技术升级，要求进行 PLC 控制的改造，该任务交付本技术组完成。

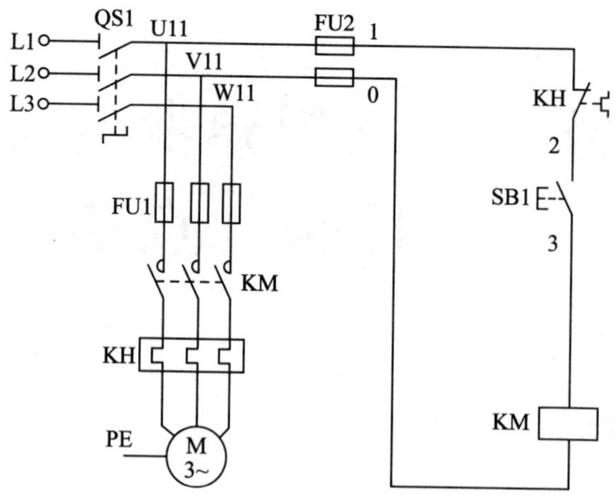

图 2—1—1 三相异步电动机点动控制线路图

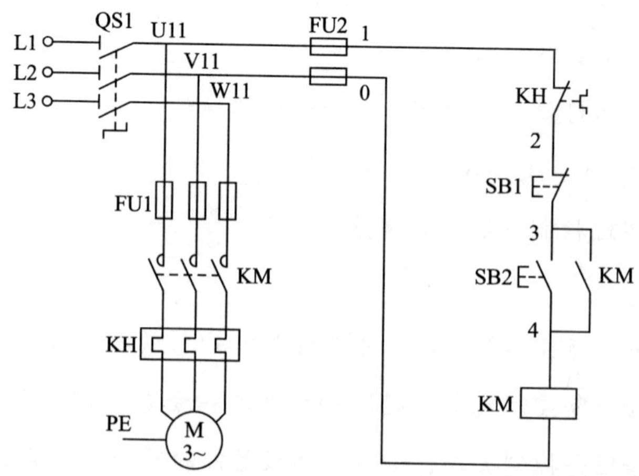

图 2—1—2 三相异步电动机单向连续运行控制线路图

工作过程与学习活动

学习活动 1 明确工作任务

学习活动 2 工作准备

学习活动 3 工作实施

学习活动 4 总结与评价

温馨提示：在工作过程中遵守 6S 规范，严格遵守用电、消防等安全规程要求，工作完成后按照现场管理规范清理场地、归置物品。

学习活动1　明确工作任务

学习目标

1. 能根据任务内容做好学习资源准备。
2. 能通过阅读任务信息，明确工作目标。

建议学时：0.5 课时

学习过程

一、学习资源准备

准备《PLC 技术及应用基础教程》教材、工作页、万用表、电工工具箱等教学资源。

二、明确工作任务目标

请认真阅读本次任务的学习目标和工作情景，完成以下题目：

1. 本次任务使用到的指令有 LD、______、________、END、AND、______、______、ORI、______、RST。

2. 根据任务目标要求，本次任务要掌握 PLC ________ 继电器及________继电器的功能及使用方法。

3. 本次任务对梯形图的编写使用的软件是____________软件。

4. 在任务完成过程中，首先能分析本任务__________，并熟练作出 PLC 的__________和__________。

5. 根据任务控制要求，利用 PLC 基本指令编写 PLC __________，并进行________的布局、____________的接线。

6. 在编写梯形图过程中，能对程序进行________、________、________读出与监控。

7. 会将程序下载到_________中，并根据控制要求_______程序。

8. 本次任务主要是实现三相异步电动机的_______控制及_________控制。

学习活动2　工 作 准 备

学习目标

1. 能通过不同途径查阅相关学习资料。
2. 能自主完成工作页资料的填写。
3. 能制定合理的工作计划。

建议学时：1.5 课时

学习过程

一、通过学习资料查阅与整理完成以下问题

1．观察图 2—1—1，接触器用符号______表示，KH 代表的是__________，图中使用的为__________触点。KM 常开触点闭合的条件是____________________。

2．在三相异步电动机点动控制电路中，输入元件有________________，输出元件有___________；在单向连续运行控制电路中，输入元件有________________，输出元件有____________。

3．下图中左图为___________，右图为__________。

```
       X002
0 ├────┤ ├──────────────[SET   Y000   ]┤
       X001
2 ├────┤ ├──────┬───────[RST   Y000   ]┤
       X000     │
  ├────┤/├──────┘
5 ├──────────────────────[END         ]┤
```

步序	助记符	操作元件
0	LD	X002
1	SET	Y000
2	LD	X001
3	ORI	X000
4	RST	Y000
5	END	

4. 在下图中标注出左母线、右母线位置。

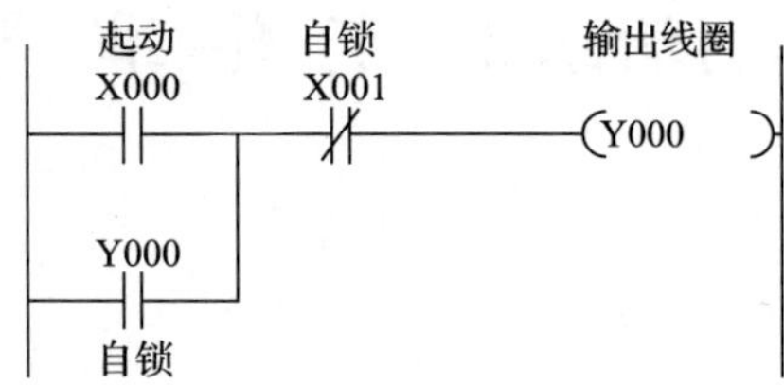

5. 根据指令表，画出对应的梯形图。

(1) LD X0

OUT Y0

LDI X1

OUT M100

OUT T0 K19

LD T0

OUT Y1

END

(2) LD X0

ANI X1

OR Y1

ORI X3

AND X2

OUT Y1

6. I/O 分配表中的 I 代表的是________，O 代表的是________。

7. 在本次控制任务中，不论是点动控制线路，还是单向连续控制线路，停止按钮采用的是________触点，而在 PLC 的 I/O 接线中，采用的是________触点。

8. 根据梯形图编程规则，判别如下梯形图的编写是否规范。

a 图 □符合规范 □不符合规范

b 图 □符合规范 □不符合规范

c 图 □符合规范 □不符合规范

d 图 □符合规范 □不符合规范

e 图 □符合规范 □不符合规范

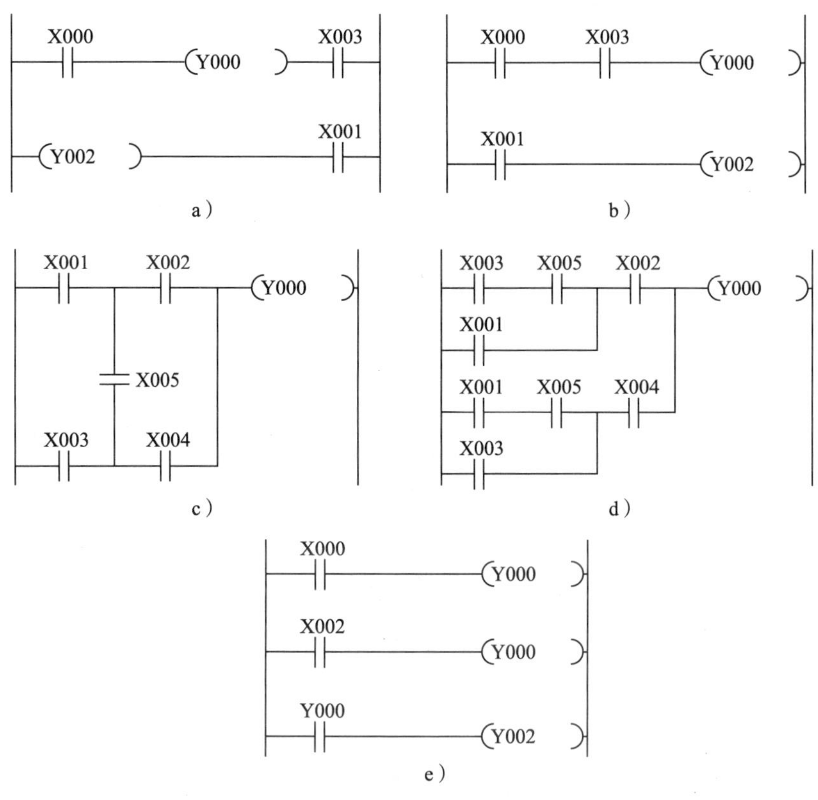

9．观察图 2—1—2，启动按钮为＿＿＿＿＿＿，停止按钮为＿＿＿＿＿＿＿。当按下启动按钮后线圈 KM ＿＿＿＿＿＿＿＿＿，KM 常开触点＿＿＿＿＿＿＿，电动机运行。当松开启动按钮后，电动机仍然运行，这种现象称之为＿＿＿＿＿＿＿＿。按下停止按钮后，电动机＿＿＿＿＿＿＿＿。

10．分析下面图 a 和图 b 的区别。

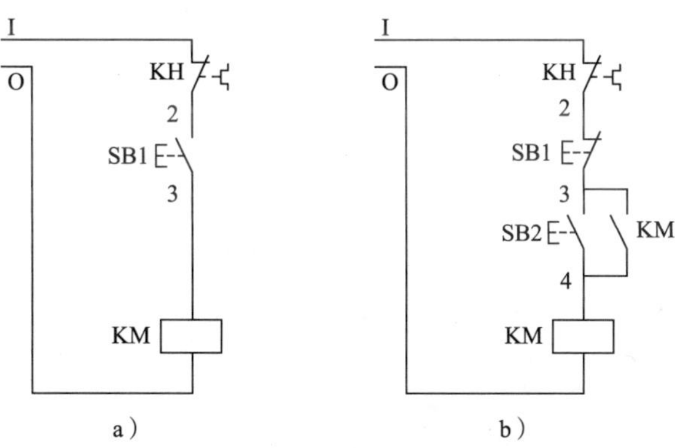

＿＿

＿＿

11．控制箱（板）常用的布线方法有＿＿＿＿＿＿＿＿、＿＿＿＿＿＿＿＿＿和板后布线，PLC 控制系统主要采用__________布线方法。

12. PLC 的布线工艺要求是什么？

____

____

____

____

____

二、制定工作计划

<table>
<tr><td colspan="6">“三相异步电动机运行控制（点动、连续）”工作计划</td></tr>
<tr><td>班级</td><td></td><td>小组名称</td><td></td><td>时间</td><td>年 月 日</td></tr>
<tr><td colspan="6">（一）组员分工</td></tr>
<tr><td colspan="2">组员姓名</td><td colspan="4">组员分配任务（从下面任务分工选项中进行选择）</td></tr>
<tr><td>1</td><td></td><td colspan="4"></td></tr>
<tr><td>2</td><td></td><td colspan="4"></td></tr>
<tr><td>3</td><td></td><td colspan="4"></td></tr>
<tr><td>4</td><td></td><td colspan="4"></td></tr>
<tr><td>5</td><td></td><td colspan="4"></td></tr>
<tr><td colspan="6">分工选项</td></tr>
<tr><td colspan="6">A. 组织人员分工
B. 设备检查与测量
C. 主电路的接线
D. 输入回路线路连接
E. 输出回路线路连接
F. PLC 程序编写与下载
G. 系统运行与调试
H. 工作过程记录
I. 工具、材料准备</td></tr>
</table>

续表

分工选项	
建议	1. 建议按照学生以往成绩由教师进行搭配分组或学生自由组合 2. 建议每组组员 3 ~ 4 人 3. 分工选项可以根据实际需求进行增加或减少

（二）工具材料清单

序号	工具或材料名称	型号规格	数量	备注

（三）工序步骤安排

序号	工作内容	计划用时	备注

（四）安全防护措施建议

学习活动3 工 作 实 施

学习目标

1．能根据任务工作计划，落实实施步骤。

2．能够通过小组协作方式完成任务工作计划。

3．能清楚任务所需指令并熟练应用相关指令。

4．能以小组协作方式完成本次任务的接线图、梯形图、指令表。

5．能进行程序的下载与调试，及时处理调试过程中出现的问题。

建议学时：4 课时

学习过程

一、请根据任务描述分析控制要求

1．三相异步电动机点动控制线路

2．三相异步电动机单向连续运行控制线路

二、根据控制要求，填表画图

1. 请完成三相异步电动机点动控制线路输入点与输出点分配表。

输入设备	输入点编号	输出设备	输出点编号

2. 请完成三相异步电动机单向连续控制线路输入点与输出点分配表。

输入设备	输入点编号	输出设备	输出点编号

3. 请按控制要求分别画出本任务中图 2—1—1、图 2—1—2 的 PLC 外部接线图。

（1）

（2）

三、根据控制要求完成梯形图、指令表程序的编写

1．三相异步电动机点动控制线路

（1）梯形图

（2）指令表

2．三相异步电动机单向连续运行控制线路

（1）梯形图

（2）指令表

四、程序编辑与下载

请参看《PLC 技术及应用基础教程》“项目二任务一”中的“程序编辑与下载”的步骤，把你编写的程序下载至 PLC，并且完成 PLC 的接线。

五、通电调试

为保证人身安全，在通电调试时，要认真执行安全操作规程的有关规定，经老师检查并现场监护。

按照功能调试情况填写下表。

三相异步电动机点动控制线路调试情况记录表

序号	操作	KM 接触器（线圈、主触头）	电动机
1	按下 SB1		
2	松开 SB1		

三相异步电动机单向连续运行控制线路调试情况记录表

序号	操作	KM 接触器（线圈、主触头、常开触头）	电动机
1	按启动按钮 SB2		
2	按停止按钮 SB1		

六、整理与提高

1．请记录本次程序编辑和下载中出现的错误及解决方法。

____

____

____

____

____

____

2. 本次调试程序时，你认为有哪些是需要特别注意的？

学习活动 4　总结与评价

学习目标

1. 能以小组形式，对学习过程和实训成果进行汇报总结。

2. 能客观公正的对任务完成情况进行自评、组评。

建议学时：2 课时

学习过程

一、工作总结

1. 个人撰写工作小结

任务工作小结

班级		任务名称		撰写人		学号	

续表

班级		任务名称		撰写人		学号	
（可以附页）							

2. 成果展示与汇报

以小组为单位，选择演示文稿、展板、录像、演讲等形式中的一种或几种，向全班展示、汇报学习成果。

二、综合评价

评价表

班级		姓名		学号		日期	年　月　日
学习任务名称							
自我评价	1	6S 管理				□符合　□不符合	
	2	能准时上、下课				□符合　□不符合	
	3	着装符合职业规范				□符合　□不符合	
	4	能独立完成工作页填写				□能　□不能	
	5	利用教材、课件和网络资源等查找有效信息				□能　□不能	
	6	能正确使用工具及设备				□能　□不能	
	7	能制定合理的任务实施计划及人员分工				□能　□不能	
	8	工作过程中材料工具能摆放整齐				□能　□不能	
	9	工作过程中自觉遵守安全用电规范				□能　□不能	
	10	工作完成后自觉整理、清理工位				□能　□不能	
	学习效果自我评价等级： 自我评价人签名：					□优　□良 □合格　□不合格	
小组评价	11	能在小组内积极发言，出谋划策				□能　□不能	
	12	能积极配合小组成员完成工作任务				□优　□良 □合格　□不合格	
	13	能积极完成所分配的工作任务				□优　□良 □合格　□不合格	
	14	能清晰表达自己的观点				□能　□不能	
	15	具有安全、规范和环保意识				□能　□不能	
	16	遵守课堂纪律，不做与课程无关的事				□能　□不能	
	17	爱护公共财物，自觉维护教学设备的完好性				□能　□不能	
	18	能撰写个人任务学习小结				□优　□良 □合格　□不合格	
	19	是否造成工量具或教学设备可修复性损坏				□是　□否	
	学习效果小组评价等级： 小组评分人签名：					□优　□良 □合格　□不合格	

续表

<table>
<tr><td>班级</td><td></td><td>姓名</td><td></td><td>学号</td><td></td><td>日期</td><td>年　月　日</td></tr>
<tr><td colspan="2">学习任务名称</td><td colspan="6"></td></tr>
<tr><td rowspan="3">教师评价</td><td colspan="4">综合评价等级：</td><td colspan="3">□优　□良
□合格　□不合格</td></tr>
<tr><td colspan="4">加分奖励</td><td colspan="3">□2 分　□5 分
□8 分　□10 分</td></tr>
<tr><td colspan="7">评语：

指导教师：</td></tr>
<tr><td>学生个人成绩评定</td><td colspan="7"></td></tr>
<tr><td>评价实施说明</td><td colspan="7">1. 在任务实施过程中未出现人身伤害事故或设备严重损坏的前提下进行评价
2. 评价方法
（1）自我评价：1～10 项中，能达到 9 项及以上要求为优，能达到 7 项及以上为良，能达到 6 项及以上为合格，低于 6 项为不合格
（2）小组评价：11～19 项中，能达到 8 项及以上要求为优，能达到 6 项及以上为良，能达到 5 项及以上为合格，低于 5 项为不合格
（3）教师综合评价：教师根据学生自我评价、小组评价以及课堂记录，对每个学生工作任务完成情况进行综合等级评价，综合评价等级与分数的对应关系为：优：90 分，良：75 分，合格：60 分，不合格：50 分
（4）学生个人成绩评定：学生个人成绩 = 综合评价分 + 奖励分</td></tr>
</table>

学习任务二　三相异步电动机正反转控制

学习目标

知识目标：

1. 掌握 ANB、ORB 指令的功能及使用方法。
2. 巩固辅助继电器的功能和使用方法。

技能目标：

1. 根据控制要求，熟练作出 PLC 的 I/O 分配表和接线图。
2. 根据任务控制要求，利用 PLC 基本指令编写 PLC 控制程序。
3. 能将程序下载到 PLC 中，并根据控制要求，调试程序。

建议学时

8 课时

工作情景描述

某工厂有一台三相异步电动机采用继电器控制线路实现正、反转控制，如图 2—2—1 所示，现要求用 PLC 进行改造，改造后电动机除了具有正反连续运行控制功能，同时增加点动控制功能。该任务交付本技术组完成。

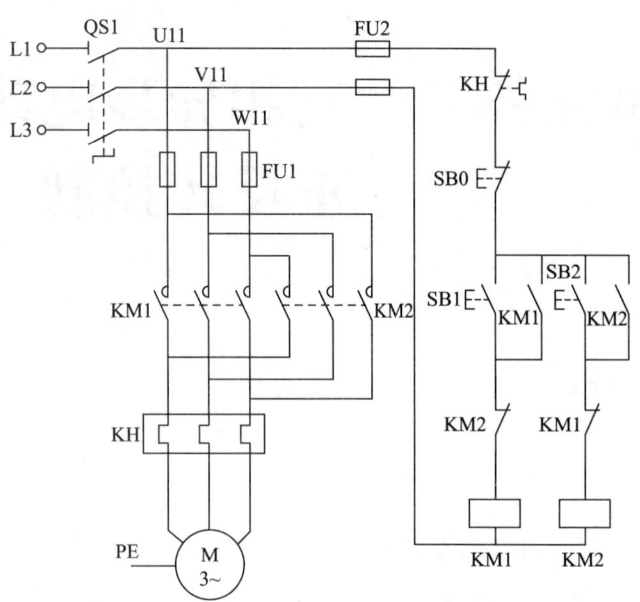

图 2—2—1 三相异步电动机正反转控制线路

工作过程与学习活动

学习活动 1 明确工作任务

学习活动 2 工作准备

学习活动 3 工作实施

学习活动 4 总结与评价

温馨提示：在工作过程中遵守 6S 规范，严格遵守用电、消防等安全规程要求，工作完成后按照现场管理规范清理场地、归置物品。

学习活动1　明确工作任务

学习目标

1. 能根据任务内容做好学习资源准备。
2. 能通过阅读任务信息，明确工作目标。

建议学时：0.5 课时

学习过程

一、学习资源准备

准备《PLC 技术及应用基础教程》教材、工作页、万用表、电工工具箱等教学资源。

二、明确工作任务目标

请认真阅读本次任务的学习目标和工作情景，完成以下题目：

1. 本次任务使用到的指令主要有______、________。

2. 根据任务目标要求，本次任务要巩固 PLC ________继电器的功能及使用方法。

3. 根据本次任务的控制要求，熟练作出 PLC 的_________和________。

4. 根据任务控制要求，利用__________编写 PLC 控制程序，能将________下载到 PLC 中，下载后并按要求进行________。

5. 本次任务是三相异步电动机采用_________控制线路实现_________控制，同时还要增加________控制功能。

学习活动2 工 作 准 备

学习目标

1. 能通过不同途径查阅相关学习资料。
2. 能自主完成工作页资料的填写。
3. 能制定合理的工作计划。

建议学时：1.5 课时

学习过程

一、通过学习资料查阅与整理，完成以下问题

1. 三相交流异步电动机要实现正反转控制，将其________________________即可，通常是将______相和______相对调。

2. 为避免两个接触器线圈同时复电而发生严重的相间短路故障，在线路中采取________控制。

3. 请说明下面指令的含义。

ANB：____

ORB：____

4. 用于串联型电路块的并联时，分支的起点使用________________指令，分支的结束使用________________指令；用于分支电路并联电路块与前面电路块的串联时，分支的起点使用________________指令，分支的结束使用________________指令。

5. 将下面的梯形图转换为指令表。

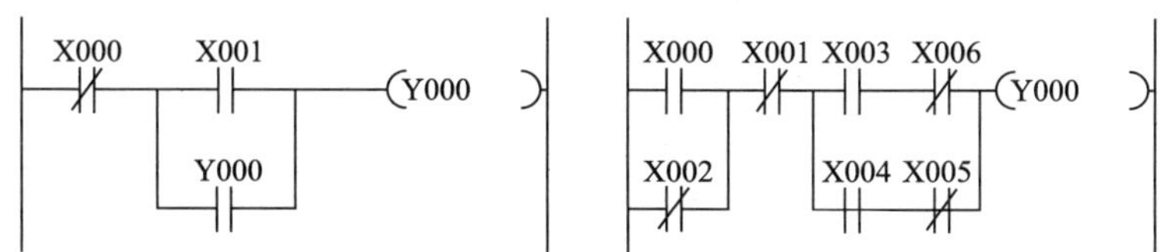

6. 说明下面 PLC 型号的含义。

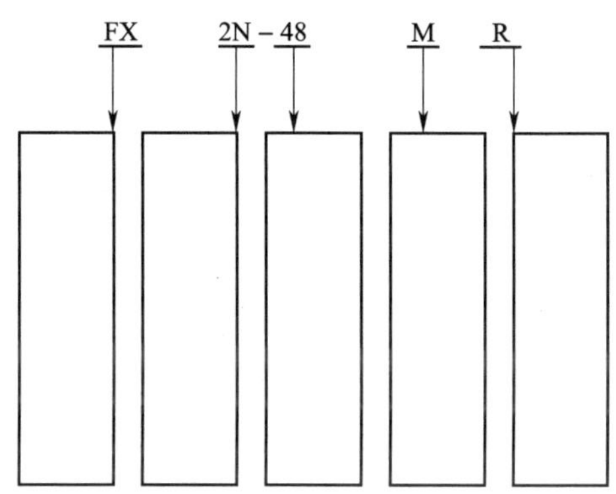

7. 分别画出具有点动控制功能和连续控制功能的控制电路。

8. 一般辅助继电器元件编号为＿＿＿＿＿，其功能与输出继电器相似，但不能直接驱动＿＿＿＿＿。

9. 画出电气元件的布局图。

10. 写出各元器件接线端子连接注意事项。

____

____

二、制定工作计划

<table>
<tr><td colspan="6">“三相异步电动机正反转控制电路”工作计划</td></tr>
<tr><td>班级</td><td></td><td>小组名称</td><td></td><td>时间</td><td>年 月 日</td></tr>
<tr><td colspan="6">（一）组员分工</td></tr>
<tr><td colspan="2">组员姓名</td><td colspan="4">组员分配任务（从下面任务分工选项中进行选择）</td></tr>
<tr><td>1</td><td></td><td colspan="4"></td></tr>
<tr><td>2</td><td></td><td colspan="4"></td></tr>
<tr><td>3</td><td></td><td colspan="4"></td></tr>
<tr><td>4</td><td></td><td colspan="4"></td></tr>
<tr><td>5</td><td></td><td colspan="4"></td></tr>
<tr><td colspan="6">分工选项</td></tr>
<tr><td colspan="6">A. 组织人员分工
B. 设备检查与测量
C. 主电路的接线
D. 输入回路线路连接
E. 输出回路线路连接
F. PLC 程序编写与下载
G. 系统运行与调试
H. 工作过程记录
I. 工具、材料准备</td></tr>
<tr><td colspan="2">建议</td><td colspan="4">1. 建议按照学生以往成绩由教师进行搭配分组或学生自由组合
2. 建议每组组员 3～4 人
3. 分工选项可以根据实际需求进行增加或减少</td></tr>
</table>

续表

（二）工具材料清单				
序号	工具或材料名称	型号规格	数量	备注

（三）工序步骤安排			
序号	工作内容	计划用时	备注

（四）安全防护措施建议

学习活动3 工作实施

学习目标

1. 能根据任务工作计划，落实实施步骤。

2. 能通过小组协作方式完成任务工作计划。

3. 能清楚任务所需指令并熟练应用相关指令。

4. 能以小组协作方式完成本次任务的接线图、梯形图、指令表。

5. 能进行程序的下载与调试，及时处理调试过程中出现的问题。

建议学时：4课时

学习过程

一、请根据任务描述分析控制要求

二、根据控制要求填写输入、输出点分配表

“三相异步电动机正反转控制”输入点与输出点分配表

输入设备	输入点编号	输出设备	输出点编号

三、按控制要求分别画出本任务的 PLC 外部接线图

四、根据控制要求完成梯形图、指令表程序的编写

1．梯形图

2．指令表

五、程序编辑与下载

请参看《PLC 技术及应用基础教程》“项目二任务一”中“程序编辑与下载”的步骤，把你编写的程序下载至 PLC，并且完成 PLC 的接线。

六、通电调试

为保证人身安全，在通电调试时，要认真执行安全操作规程的有关规定，经老师检查并现场监护。

按照三相异步电动机正反转控制线路调试情况，填写下表。

功能调试记录表

序号	操作	KM1 接触器（线圈）	KM2 接触器（线圈）	电动机
1	按下 SB1			
2	按下 SB0			
3	按下 SB2			
4	按下 SB3			
5	松开 SB4			

七、整理与提高

1．请记录本次程序编辑和下载中出现的错误及解决方法：

2．本次调试程序时，你认为有哪些是需要特别注意的？

学习活动4 总结与评价

学习目标

1. 能以小组形式，对学习过程和实训成果进行汇报总结。

2. 能客观公正地对任务完成情况进行自评、组评。

建议学时：2 课时

学习过程

一、工作总结

1. 个人撰写工作小结

任务工作小结

班级		任务名称		撰写人		学号	

续表

班级		任务名称		撰写人		学号	

（可以附页）

2．成果展示与汇报

以小组为单位，选择演示文稿、展板、录像、演讲等形式中的一种或几种，向全班展示、汇报学习成果。

二、综合评价

评价表

班级		姓名		学号		日期	年　月　日
学习任务名称							
自我评价	1	6S 管理				□符合	□不符合
	2	能准时上、下课				□符合	□不符合
	3	着装符合职业规范				□符合	□不符合
	4	能独立完成工作页填写				□能	□不能
	5	利用教材、课件和网络资源等查找有效信息				□能	□不能
	6	能正确使用工具及设备				□能	□不能
	7	能制定合理的任务实施计划及人员分工				□能	□不能
	8	工作过程中材料工具能摆放整齐				□能	□不能
	9	工作过程中自觉遵守安全用电规范				□能	□不能
	10	工作完成后自觉整理、清理工位				□能	□不能
	学习效果自我评价等级： 自我评价人签名：					□优 □合格	□良 □不合格
小组评价	11	能在小组内积极发言，出谋划策				□能	□不能
	12	能积极配合小组成员完成工作任务				□优 □合格	□良 □不合格
	13	能积极完成所分配的工作任务				□优 □合格	□良 □不合格
	14	能清晰表达自己的观点				□能	□不能
	15	具有安全、规范和环保意识				□能	□不能
	16	遵守课堂纪律，不做与课程无关的事				□能	□不能
	17	爱护公共财物，自觉维护教学设备的完好性				□能	□不能
	18	能撰写个人任务学习小结				□优 □合格	□良 □不合格
	19	是否造成工量具或教学设备可修复性损坏				□是	□否
	学习效果小组评价等级： 小组评分人签名：					□优 □合格	□良 □不合格

续表

<table>
<tr><td>班级</td><td></td><td>姓名</td><td></td><td>学号</td><td></td><td>日期</td><td>年　月　日</td></tr>
<tr><td colspan="2">学习任务名称</td><td colspan="6"></td></tr>
<tr><td rowspan="3">教师
评价</td><td colspan="4">综合评价等级：</td><td colspan="3">□优　□良
□合格　□不合格</td></tr>
<tr><td colspan="4">加分奖励</td><td colspan="3">□ 2 分　□ 5 分
□ 8 分　□ 10 分</td></tr>
<tr><td colspan="7">评语：

指导教师：</td></tr>
<tr><td>学生个人
成绩评定</td><td colspan="7"></td></tr>
<tr><td>评价
实施
说明</td><td colspan="7">1. 在任务实施过程中未出现人身伤害事故或设备严重损坏的前提下进行评价
2. 评价方法
（1）自我评价：1～10 项中，能达到 9 项及以上要求为优，能达到 7 项及以上为良，能达到 6 项及以上为合格，低于 6 项为不合格
（2）小组评价：11～19 项中，能达到 8 项及以上要求为优，能达到 6 项及以上为良，能达到 5 项及以上为合格，低于 5 项为不合格
（3）教师综合评价：教师根据学生自我评价、小组评价以及课堂记录，对每个学生工作任务完成情况进行综合等级评价，综合评价等级与分数的对应关系为：优：90 分，良：75 分，合格：60 分，不合格：50 分
（4）学生个人成绩评定：学生个人成绩＝综合评价分＋奖励分</td></tr>
</table>

学习任务三　三相异步电动机星—三角降压启动控制

学习目标

知识目标

1. 掌握 MPS、MRD、MPP 指令的功能与使用方法。
2. 巩固定时器 T 的功能和使用方法。

技能目标：

1. 根据控制要求，熟练做出 PLC 的 I/O 分配表和接线图。
2. 根据任务控制要求，利用 PLC 基本指令编写 PLC 控制程序。
3. 能将程序下载到 PLC 中，并根据控制要求，调试程序。

建议学时

8 课时

工作情景描述

如图 2—3—1 所示，某工厂有一台三相异步电动机，需要采用星—三角降压启动控制，转换时间为 10 s。现因技术升级，需用 PLC 控制改造继电控制电气系统，用基本指令 MPS、MRD、MPP 编写其控制程序，改造后要求空压机降压启动时间可调，该任务交付本技术组完成。

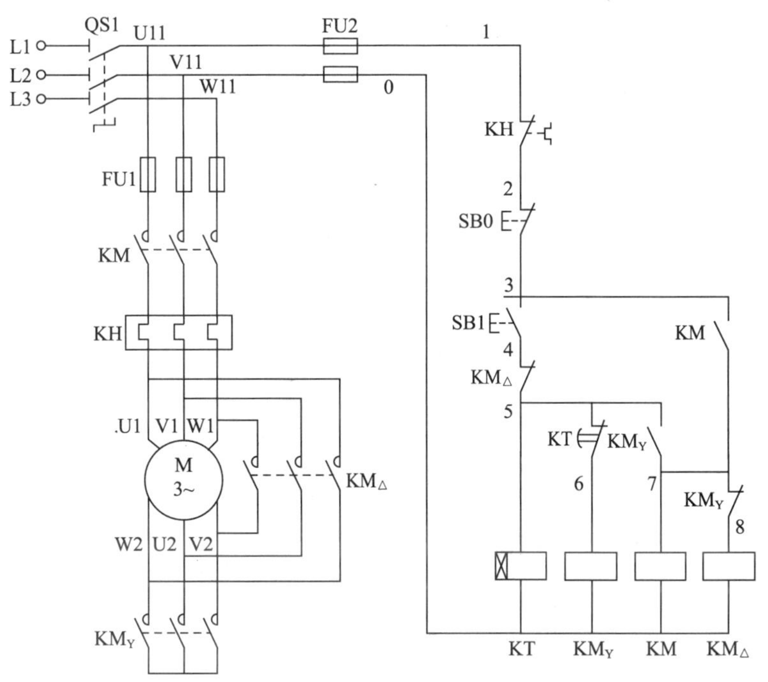

图 2—3—1　三相异步电动机星—三角降压启动线路图

工作过程与学习活动

学习活动 1　明确工作任务

学习活动 2　工作准备

学习活动 3　工作实施

学习活动 4　总结与评价

温馨提示：在工作过程中遵守 6S 规范，严格遵守用电、消防等安全规程要求，工作完成后按照现场管理规范清理场地、归置物品。

学习活动1 明确工作任务

学习目标

1. 能根据任务内容做好学习资源准备。
2. 能通过阅读任务信息，明确工作目标。

建议学时：0.5 课时

学习过程

一、学习资源准备

准备《PLC 技术及应用基础教程》教材、工作页、万用表、电工工具箱等教学资源。

二、明确工作任务目标

请认真阅读本次任务的学习目标和工作情景，完成以下题目：

1. 本次任务使用到的指令主要有______、________、_________。
2. 根据任务目标要求，本次任务要巩固________的功能及使用方法。
3. 根据本次任务的控制要求，熟练作出 PLC 的_________和________。
4. 根据任务控制要求，利用__________编写 PLC 控制程序，能将_______下载到 PLC 中，下载后并按要求进行________。
5. 本次任务是实现三相异步电动机____________控制，转换时间为________s。
6. 在编写控制程序时，要考虑对 PLC 控制改造，改造后要求_____________。
7. 观察图 2—3—1，在图中 KH 表示________元器件，KT 表示_________元器件，KM 表示_____元器件。

学习活动2　工 作 准 备

学习目标

1. 能通过不同途径查阅相关学习资料。
2. 能自主完成工作页资料的填写。
3. 能制定合理的工作计划。

建议学时：1.5 课时

学习过程

一、通过学习资料查阅与整理完成以下问题

1. 指出下图中哪个为三相负载的星形连接，哪个为三角形连接，并说明两种连接中负载电压的关系。

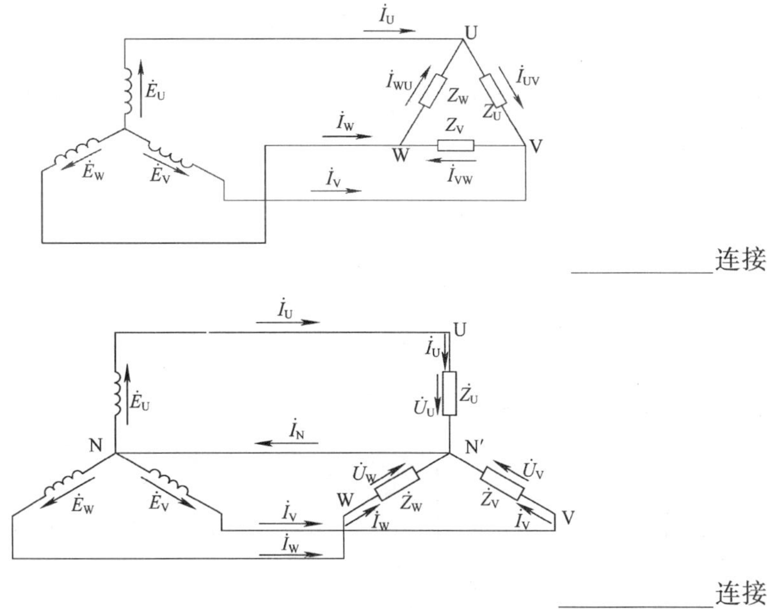

____________连接

____________连接

电压关系：____

____

2. 降压启动一般应用在________________________的场合，此时，启动转矩下降，启动电流也下降。其原理是依靠降低定子电压的办法来限制________。

3. 请根据图示的符号判断其功能及含义。

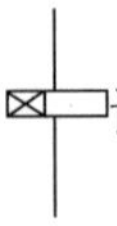

该符号为________继电器的__________线圈，该触点为__________触点，在 PLC 中与其对应的元件为________。

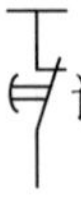

4. 请说明下列指令的含义。

MPS：____

MRD：____

MPP：____

5. 写出梯形图对应的指令表。

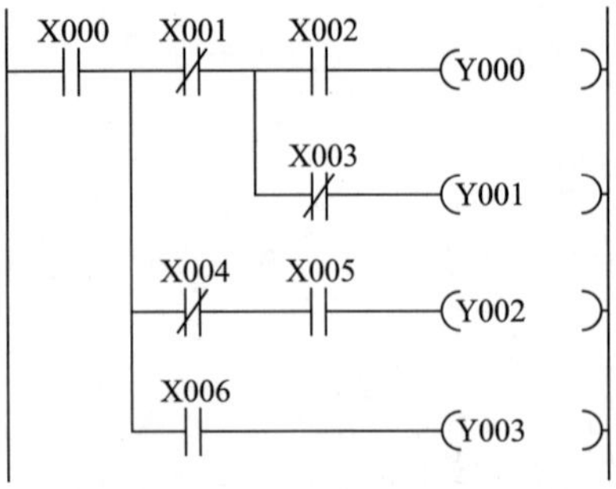

X000 X001 X002 Y000 X003 Y001 X004 X005 Y002 X006 Y003

6. 指出下面梯形图属于 PLC 的哪种输出形式。

（1）____________输出。

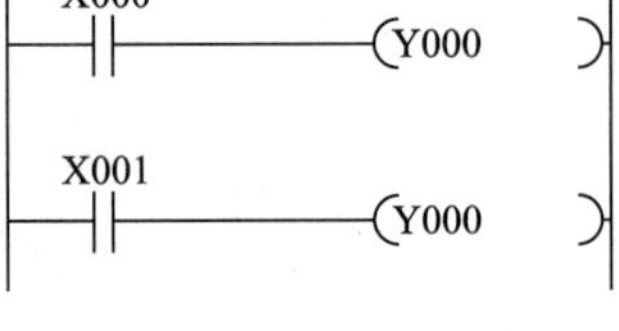

X000 Y000 X001 Y000

（2）____________输出。

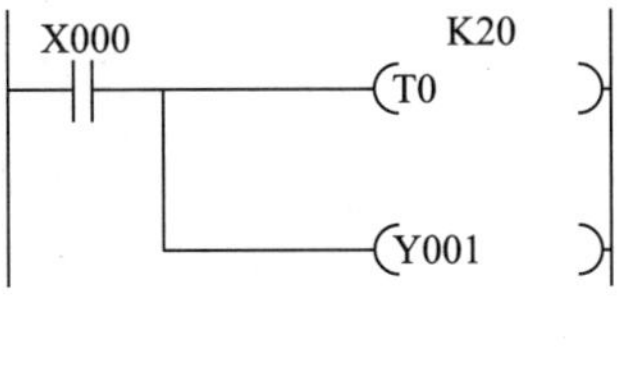

X000 K20 T0 Y001

（3）＿＿＿＿＿＿＿＿输出。

X000　T0 K20
T0　Y001

（4）＿＿＿＿＿＿＿＿输出。

X000　X001　T0 K20
T0　Y001
X002　Y000

7．定时器 T 的作用是用于程序中的＿＿＿＿＿＿控制，在三菱 PLC 中定时器 T 共有＿＿＿＿＿＿＿＿和＿＿＿＿＿＿＿两类定时器，请描述下面两个梯形图的动作过程，它们的区别是＿＿＿。

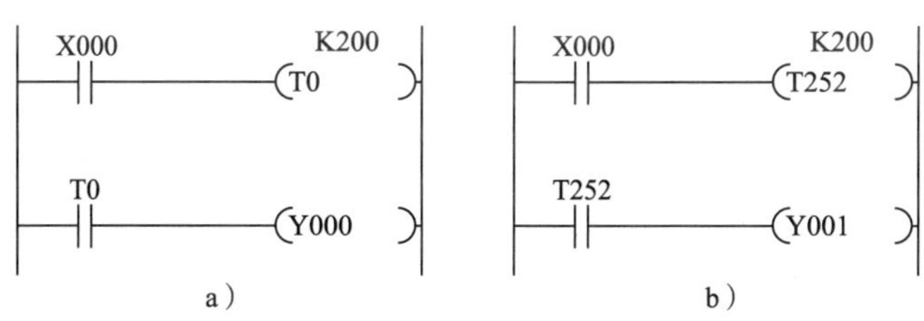

a）　　b）

8．设计用 PLC 程序实现断电延时功能。

9．请分析图 2—3—1 的控制线路的工作原理。

＿＿
＿＿
＿＿
＿＿

二、制定工作计划

<table>
<tr><td colspan="6">“三相异步电动机星—三角降压启动”工作计划</td></tr>
<tr><td>班级</td><td></td><td>小组名称</td><td></td><td>时间</td><td>年　月　日</td></tr>
<tr><td colspan="6">（一）组员分工</td></tr>
<tr><td colspan="2">组员姓名</td><td colspan="4">组员分配任务（从下面任务分工选项中进行选择）</td></tr>
<tr><td>1</td><td></td><td colspan="4"></td></tr>
<tr><td>2</td><td></td><td colspan="4"></td></tr>
<tr><td>3</td><td></td><td colspan="4"></td></tr>
<tr><td>4</td><td></td><td colspan="4"></td></tr>
<tr><td>5</td><td></td><td colspan="4"></td></tr>
<tr><td colspan="6">分工选项</td></tr>
<tr><td colspan="6">A. 组织人员分工
B. 设备检查与测量
C. 主电路的接线
D. 输入回路线路连接
E. 输出回路线路连接
F. PLC 程序编写与下载
G. 系统运行与调试
H. 工作过程记录
I. 工具、材料准备</td></tr>
<tr><td colspan="2">建议</td><td colspan="4">1. 建议按照学生以往成绩由教师进行搭配分组或学生自由组合
2. 建议每组组员 3 ~ 4 人
3. 分工选项可以根据实际需求进行增加或减少</td></tr>
</table>

<table>
<tr><td colspan="5">（二）工具材料清单</td></tr>
<tr><td>序号</td><td>工具或材料名称</td><td>型号规格</td><td>数量</td><td>备注</td></tr>
<tr><td></td><td></td><td></td><td></td><td></td></tr>
<tr><td></td><td></td><td></td><td></td><td></td></tr>
<tr><td></td><td></td><td></td><td></td><td></td></tr>
<tr><td></td><td></td><td></td><td></td><td></td></tr>
</table>

续表

（二）工具材料清单				
序号	工具或材料名称	型号规格	数量	备注

（三）工序步骤安排			
序号	工作内容	计划用时	备注

（四）安全防护措施建议

学习活动3 工 作 实 施

学习目标

1. 能根据任务工作计划，落实实施步骤。

2. 能够通过小组协作方式完成任务工作计划。

3. 能清楚任务所需指令并熟练应用相关指令。

4. 能以小组协作方式完成本次任务的接线图、梯形图、指令表。

5. 能进行程序的下载与调试，及时处理调试过程中出现的问题。

建议学时：4 课时

学习过程

一、请根据任务描述分析控制要求

二、根据控制要求填写输入、输出点分配表

"三相异步电动机星—三角降压启动"输入点与输出点分配表

输入设备	输入点编号	输出设备	输出点编号

三、按控制要求分别画出本任务的 PLC 外部接线图

四、根据控制要求完成梯形图、指令表程序的编写

1. 梯形图

2. 指令表

五、程序编辑与下载

请参看《PLC 技术及应用基础教程》“项目二任务一”中“程序编辑与下载”的步骤，把你编写的程序下载至 PLC，并且完成 PLC 的接线。

六、通电调试

为保证人身安全，在通电调试时，要认真执行安全操作规程的有关规定，经老师检查并现场监护。

按照三相异步电动机星—三角降压启动电路调试情况，填写下表。

功能调试记录表

序号	操作	KM_Y接触器（线圈）	$KM_\triangle$接触器（线圈）	电动机
1	按下 SB1			
2	按下 SB0			

七、整理与提高

1. 请记录本次程序编辑和下载中出现的错误及解决方法：

2. 本次调试程序时，你认为有哪些是需要特别注意的？

学习活动4　总结与评价

学习目标

1. 能以小组形式，对学习过程和实训成果进行汇报总结。

2. 能客观公正地对任务完成情况进行自评、组评。

建议学时：2课时

学习过程

一、工作总结

1. 个人撰写工作小结

任务工作小结

班级		任务名称		撰写人		学号	

续表

班级		任务名称		撰写人		学号	
（可以附页）							

2. 成果展示与汇报

以小组为单位，选择演示文稿、展板、录像、演讲等形式中的一种或几种，向全班展示、汇报学习成果。

二、综合评价

评价表

班级		姓名		学号		日期	年　月　日
学习任务名称							

	序号	项目	评价
自我评价	1	6S 管理	□符合　□不符合
	2	能准时上、下课	□符合　□不符合
	3	着装符合职业规范	□符合　□不符合
	4	能独立完成工作页填写	□能　□不能
	5	利用教材、课件和网络资源等查找有效信息	□能　□不能
	6	能正确使用工具及设备	□能　□不能
	7	能制定合理的任务实施计划及人员分工	□能　□不能
	8	工作过程中材料工具能摆放整齐	□能　□不能
	9	工作过程中自觉遵守安全用电规范	□能　□不能
	10	工作完成后自觉整理、清理工位	□能　□不能
	学习效果自我评价等级： 自我评价人签名：		□优　□良 □合格　□不合格
小组评价	11	能在小组内积极发言，出谋划策	□能　□不能
	12	能积极配合小组成员完成工作任务	□优　□良 □合格　□不合格
	13	能积极完成所分配的工作任务	□优　□良 □合格　□不合格
	14	能清晰表达自己的观点	□能　□不能
	15	具有安全、规范和环保意识	□能　□不能
	16	遵守课堂纪律，不做与课程无关的事	□能　□不能
	17	爱护公共财物，自觉维护教学设备的完好性	□能　□不能
	18	能撰写个人任务学习小结	□优　□良 □合格　□不合格
	19	是否造成工量具或教学设备可修复性损坏	□是　□否
	学习效果小组评价等级： 小组评分人签名：		□优　□良 □合格　□不合格

续表

<table>
<tr><td>班级</td><td></td><td>姓名</td><td></td><td>学号</td><td></td><td>日期</td><td>年 月 日</td></tr>
<tr><td colspan="2">学习任务名称</td><td colspan="6"></td></tr>
<tr><td rowspan="3">教师评价</td><td colspan="4">综合评价等级：</td><td colspan="3">□优 □良
□合格 □不合格</td></tr>
<tr><td colspan="4">加分奖励</td><td colspan="3">□ 2 分 □ 5 分
□ 8 分 □ 10 分</td></tr>
<tr><td colspan="7">评语：

指导教师：</td></tr>
<tr><td>学生个人成绩评定</td><td colspan="7"></td></tr>
<tr><td>评价实施说明</td><td colspan="7">1. 在任务实施过程中未出现人身伤害事故或设备严重损坏的前提下进行评价
2. 评价方法
（1）自我评价：1～10 项中，能达到 9 项及以上要求为优，能达到 7 项及以上为良，能达到 6 项及以上为合格，低于 6 项为不合格
（2）小组评价：11～19 项中，能达到 8 项及以上要求为优，能达到 6 项及以上为良，能达到 5 项及以上为合格，低于 5 项为不合格
（3）教师综合评价：教师根据学生自我评价、小组评价以及课堂记录，对每个学生工作任务完成情况进行综合等级评价，综合评价等级与分数的对应关系为：优：90 分，良：75 分，合格：60 分，不合格：50 分
（4）学生个人成绩评定：学生个人成绩＝综合评价分＋奖励分</td></tr>
</table>

学习任务四　霓虹灯的控制

学习目标

知识目标：

1. 掌握计数器的功能及使用方法。
2. 掌握脉冲指令 PLS 、PLF 的基本知识与应用。
3. 掌握边沿检出指令 LDP、ORP、ANDP、LDF、ORF、ANDF 的基本知识与应用。

技能目标：

1. 能根据控制要求的描述，确定霓虹灯的控制方式及动作控制。
2. 能根据控制要求，熟练画出 PLC 的 I/O 接线图。
3. 根据确定的控制方式，用基本顺控指令编写 PLC 控制程。
4. 能将程序下载到 PLC 中，并根据控制要求，调试好程序。

建议学时

8 课时

工作情景描述

某广告设计公司准备为某客户提供广告牌霓虹灯的产品，该任务交付我们技术组完成。客户要求图案设计如图 2—4—1 所示，广告牌霓虹灯动作控制要求描述如下。

（1）按下启动键后，广告牌霓虹灯三个部分变化如下。

滚动部分：“红树林”三个字动作要求循环滚动点亮。

固定部分："海鲜"、"烧烤" 和 "电话" 等字样图案在霓虹灯启动后，一直常亮。

闪烁部分："虾" 与 "蟹" 的图案在霓虹灯启动后，轮流闪亮。

（2）按下停止键后，所有霓虹灯停止工作，所有灯光熄灭。

（3）在霓虹灯系统启动后，可以对滚动部分、固定部分及闪烁部分灯光组进行部分停止操作。

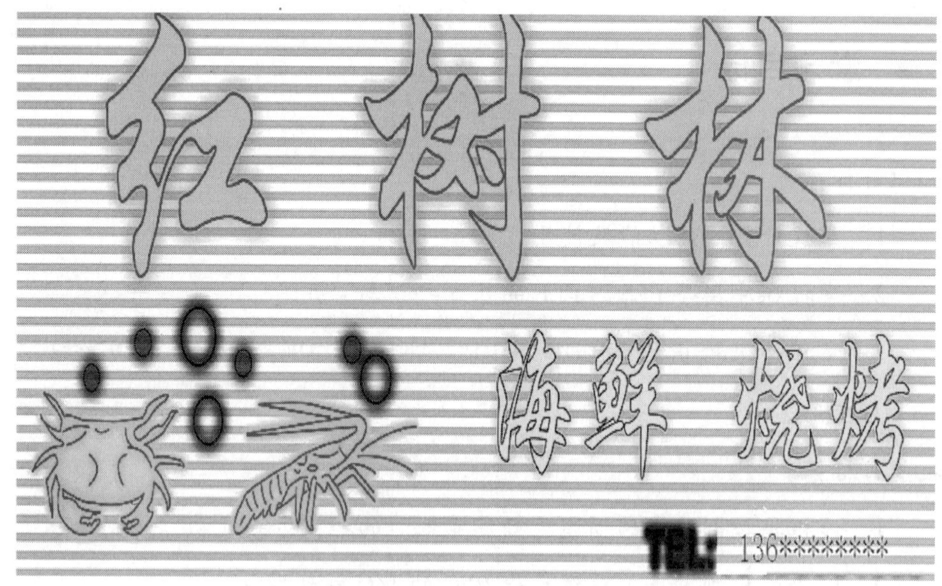

图 2—4—1 广告牌霓虹灯示意图

工作过程与学习活动

学习活动 1 明确工作任务

学习活动 2 工作准备

学习活动 3 工作实施

学习活动 4 总结与评价

温馨提示：在工作过程中遵守 6S 规范，严格遵守用电、消防等安全规程要求，工作完成后按照现场管理规范清理场地、归置物品。

学习活动1　明确工作任务

学习目标

1. 能根据任务内容做好学习资源准备。
2. 能通过阅读任务信息，明确工作目标。

建议学时：0.5 课时

学习过程

一、学习资源准备

准备《PLC 技术及应用基础教程》教材、工作页、万用表、电工工具箱等教学资源。

二、明确工作任务目标

请认真阅读本次任务的学习目标和工作情景，完成以下题目：

1. 本次任务主要是掌握____________的功能及使用方法，在编程过程中需要使用到脉冲指令有__________和__________。需要的边沿检出指令有 LDP、__________、__________和__________、__________、ANDF。

2. 本次任务的技能目标是能根据控制要求的描述，确定霓虹灯的______________以及______________。

3. 能根据控制要求，熟练画出 PLC 的__________。

4. 根据确定的控制方式，用____________指令编写 PLC 控制程序。

5. 本次工作任务设计的霓虹灯广告牌的控制要求是：启动后要循环滚动点亮的是____________，要求常亮的是__________，要求闪烁的是__________。

学习活动2 工 作 准 备

学习目标

1. 能通过不同途径查阅相关学习资料。
2. 能自主完成工作页资料的填写。
3. 能制定合理的工作计划。

建议学时：1.5 课时

学习过程

一、通过学习资料查阅与整理完成以下问题

1. 请叙述下面梯形图的动作过程。

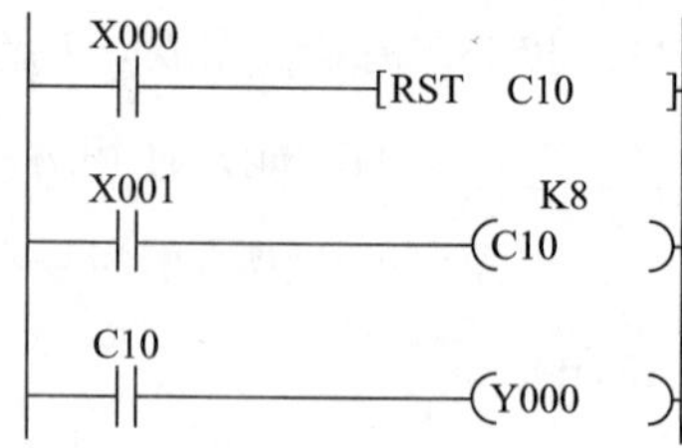

2. 请在下图中表示出上升沿和下降沿。

X000

3. 请说明下面指令的含义。

PLS：____

PLF：____

4. 请设计具有恒“0”和恒“1”功能的梯形图程序，并叙述它们的动作过程。

5. 请在下面的梯形图中标注应该使用的指令。

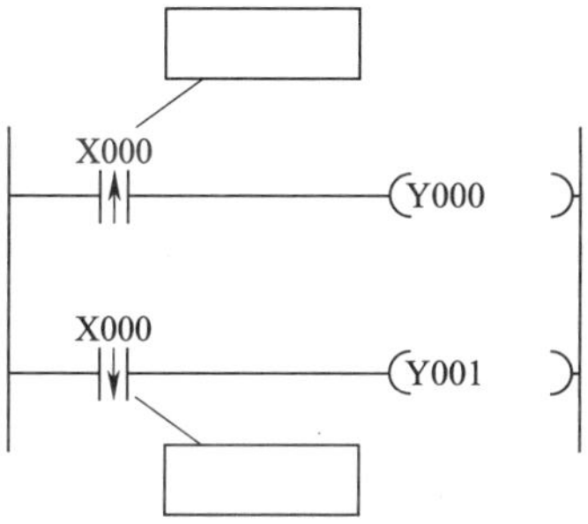

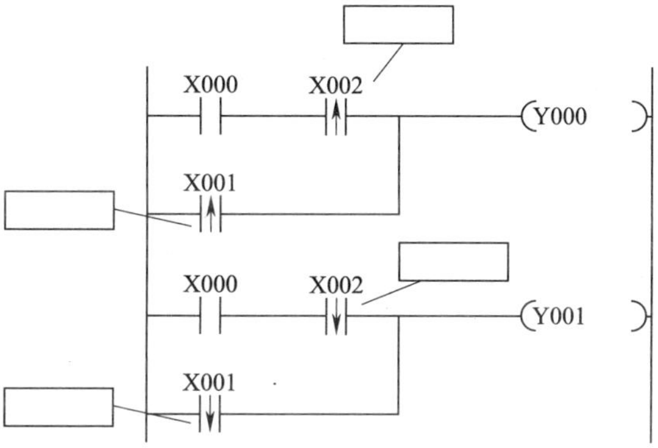

X000 Y000 X000 Y001 X000 X002 Y000 X001 X000 X002 Y001 X001

6. 下面的梯形图实现了________________________功能。

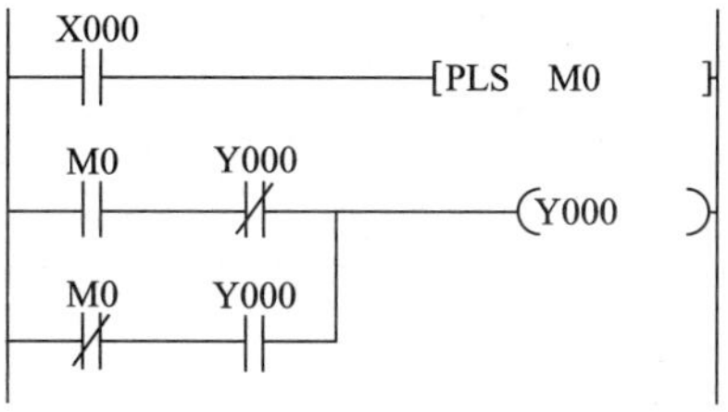

X000 [PLS M0] M0 Y000 Y000 M0 Y000

7. 请阅读下面的梯形图，该程序实现了__________的定时。X001 信号的作用是__________。

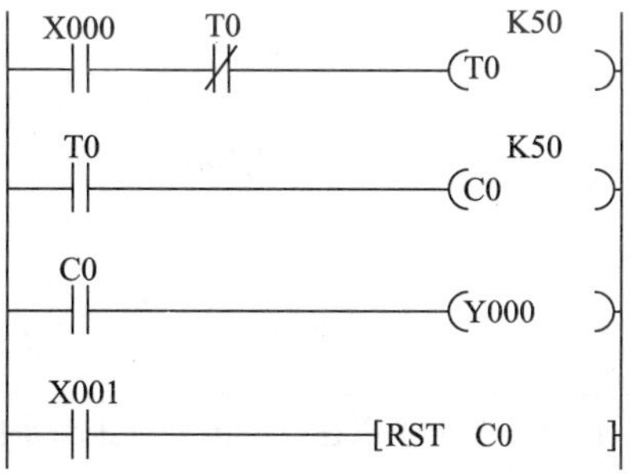

X000 T0 K50 T0 T0 K50 C0 C0 Y000 X001 [RST C0]

请参考该程序编号具有 30 天定时功能的程序。

8. 下面梯形图程序实现了__________功能，其中 Y000 得电____s，失电____s。

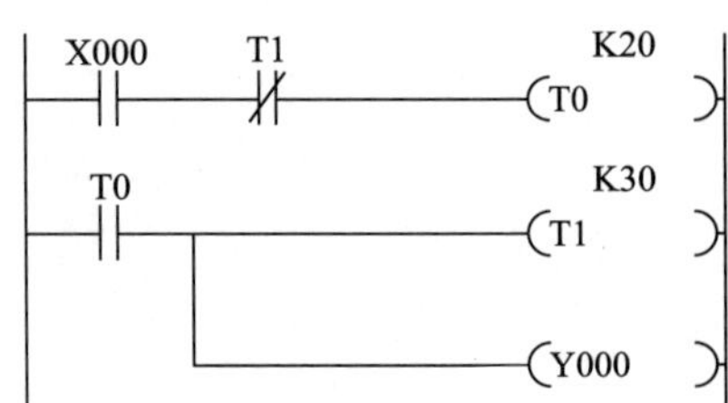

二、制定工作计划

<table>
<tr><td colspan="6">“霓虹灯的控制”工作计划</td></tr>
<tr><td>班级</td><td></td><td>小组名称</td><td></td><td>时间</td><td>年　月　日</td></tr>
<tr><td colspan="6">（一）组员分工</td></tr>
<tr><td colspan="2">组员姓名</td><td colspan="4">组员分配任务（从下面任务分工选项中进行选择）</td></tr>
<tr><td>1</td><td></td><td colspan="4"></td></tr>
<tr><td>2</td><td></td><td colspan="4"></td></tr>
<tr><td>3</td><td></td><td colspan="4"></td></tr>
<tr><td>4</td><td></td><td colspan="4"></td></tr>
<tr><td>5</td><td></td><td colspan="4"></td></tr>
<tr><td colspan="6">分工选项</td></tr>
<tr><td colspan="6">A. 组织分工
B. 设备检查与测量
C. 主电路的接线
D. 输入回路线路连接
E. 输出回路线路连接
F. PLC 程序编写与下载
G. 系统运行与调试
H. 工作过程记录
I. 工具、材料准备</td></tr>
<tr><td colspan="2">建议</td><td colspan="4">1. 建议按照学生以往成绩由教师进行搭配分组或学生自由组合
2. 建议每组组员 3 ~ 4 人
3. 分工选项可以根据实际需求进行增加或减少</td></tr>
</table>

续表

（二）工具材料清单				
序号	工具或材料名称	型号规格	数量	备注

（三）工序步骤安排			
序号	工作内容	计划用时	备注

（四）安全防护措施建议

学习活动3 工作实施

学习目标

1. 能根据任务工作计划，落实实施步骤。

2. 能够通过小组协作方式完成任务工作计划。

3. 能清楚任务所需指令并熟练应用相关指令。

4. 能以小组协作方式完成本次任务的接线图、梯形图、指令表。

5. 能进行程序的下载与调试，及时处理调试过程中出现的问题。

建议学时：4 课时

学习过程

一、请根据任务描述分析控制要求

二、根据“霓虹灯”控制要求填写输入、输出点分配表

“霓虹灯的控制”输入点与输出点分配表

输入设备		输入点编号	输出设备		输出点编号
1			1		
2			2		
3			3		
4			4		
5			5		
6			6		

三、按控制要求画出本任务的 PLC 外部接线图

四、根据控制要求完成梯形图、指令表程序的编写

1．梯形图

2．指令表

五、程序编辑与下载

请参看《PLC 技术及应用基础教程》“项目二任务一”中“程序编辑与下载”的步骤，把你编写的程序下载至 PLC，并且完成 PLC 的接线。

六、通电调试

为保证人身安全，在通电调试时，要认真执行安全操作规程的有关规定，经老师检查并现场监护。

按照霓红灯的控制线路调试情况，填写下表。

霓虹灯的控制线路调试记录表

序号	操作	滚动部分	固定部分	闪烁部分
1	按下 SB2			
2	闭合 SA1			
3	闭合 SA2			
4	闭合 SA3			
5	按下 SB1			

七、整理与提高

1．请记录本次程序编辑和下载中出现的错误及解决方法：

____

____

____

____

____

____

2. 本次调试程序时，你认为有哪些是需要特别注意的？

____

____

____

____

学习活动 4　总结与评价

学习目标

1. 能以小组形式，对学习过程和实训成果进行汇报总结。

2. 能客观公正地对任务完成情况进行自评、组评。

建议学时：2 课时

学习过程

一、工作总结

1. 个人撰写工作小结

任务工作小结

班级		任务名称		撰写人		学号	

续表

班级		任务名称		撰写人		学号	
（可以附页）							

2. 成果展示与汇报

以小组为单位，选择演示文稿、展板、录像、演讲等形式中的一种或几种，向全班展示、汇报学习成果。

二、综合评价

评价表

<table>
<tr><td>班级</td><td></td><td>姓名</td><td></td><td>学号</td><td></td><td>日期</td><td>年 月 日</td></tr>
<tr><td colspan="2">学习任务名称</td><td colspan="6"></td></tr>
<tr><td rowspan="11">自我评价</td><td>1</td><td>6S 管理</td><td colspan="5">□符合 □不符合</td></tr>
<tr><td>2</td><td>能准时上、下课</td><td colspan="5">□符合 □不符合</td></tr>
<tr><td>3</td><td>着装符合职业规范</td><td colspan="5">□符合 □不符合</td></tr>
<tr><td>4</td><td>能独立完成工作页填写</td><td colspan="5">□能 □不能</td></tr>
<tr><td>5</td><td>利用教材、课件和网络资源等查找有效信息</td><td colspan="5">□能 □不能</td></tr>
<tr><td>6</td><td>能正确使用工具及设备</td><td colspan="5">□能 □不能</td></tr>
<tr><td>7</td><td>能制定合理的任务实施计划及人员分工</td><td colspan="5">□能 □不能</td></tr>
<tr><td>8</td><td>工作过程中材料工具能摆放整齐</td><td colspan="5">□能 □不能</td></tr>
<tr><td>9</td><td>工作过程中自觉遵守安全用电规范</td><td colspan="5">□能 □不能</td></tr>
<tr><td>10</td><td>工作完成后自觉整理、清理工位</td><td colspan="5">□能 □不能</td></tr>
<tr><td colspan="2">学习效果自我评价等级：
自我评价人签名：</td><td colspan="5">□优 □良
□合格 □不合格</td></tr>
<tr><td rowspan="10">小组评价</td><td>11</td><td>能在小组内积极发言，出谋划策</td><td colspan="5">□能 □不能</td></tr>
<tr><td>12</td><td>能积极配合小组成员完成工作任务</td><td colspan="5">□优 □良
□合格 □不合格</td></tr>
<tr><td>13</td><td>能积极完成所分配的工作任务</td><td colspan="5">□优 □良
□合格 □不合格</td></tr>
<tr><td>14</td><td>能清晰表达自己的观点</td><td colspan="5">□能 □不能</td></tr>
<tr><td>15</td><td>具有安全、规范和环保意识</td><td colspan="5">□能 □不能</td></tr>
<tr><td>16</td><td>遵守课堂纪律，不做与课程无关的事</td><td colspan="5">□能 □不能</td></tr>
<tr><td>17</td><td>爱护公共财物，自觉维护教学设备的完好性</td><td colspan="5">□能 □不能</td></tr>
<tr><td>18</td><td>能撰写个人任务学习小结</td><td colspan="5">□优 □良
□合格 □不合格</td></tr>
<tr><td>19</td><td>是否造成工量具或教学设备可修复性损坏</td><td colspan="5">□是 □否</td></tr>
<tr><td colspan="2">学习效果小组评价等级：
小组评分人签名：</td><td colspan="5">□优 □良
□合格 □不合格</td></tr>
</table>

续表

<table>
<tr><td>班级</td><td></td><td>姓名</td><td></td><td>学号</td><td></td><td>日期</td><td>年　月　日</td></tr>
<tr><td colspan="2">学习任务名称</td><td colspan="6"></td></tr>
<tr><td rowspan="3">教师评价</td><td colspan="4">综合评价等级：</td><td colspan="3">□优　□良
□合格　□不合格</td></tr>
<tr><td colspan="4">加分奖励</td><td colspan="3">□2 分　□5 分
□8 分　□10 分</td></tr>
<tr><td colspan="7">评语：

指导教师：</td></tr>
<tr><td>学生个人成绩评定</td><td colspan="7"></td></tr>
<tr><td>评价实施说明</td><td colspan="7">1．在任务实施过程中未出现人身伤害事故或设备严重损坏的前提下进行评价
2．评价方法
（1）自我评价：1 ~ 10 项中，能达到 9 项及以上要求为优，能达到 7 项及以上为良，能达到 6 项及以上为合格，低于 6 项为不合格
（2）小组评价：11 ~ 19 项中，能达到 8 项及以上要求为优，能达到 6 项及以上为良，能达到 5 项及以上为合格，低于 5 项为不合格
（3）教师综合评价：教师根据学生自我评价、小组评价以及课堂记录，对每个学生工作任务完成情况进行综合等级评价，综合评价等级与分数的对应关系为：优：90 分，良：75 分，合格：60 分，不合格：50 分
（4）学生个人成绩评定：学生个人成绩 = 综合评价分 + 奖励分</td></tr>
</table>

学习任务五　七段数码管显示控制

学习目标

知识目标：

1. 掌握 MC 指令、MCR 指令、INV 指令、NOP 指令的功能和使用方法。
2. 掌握七段数码管的构成及使用方法。

技能目标：

1. 能根据控制要求，熟练画出 PLC 的 I/O 接线图。
2. 能根据控制要求的描述，理解七段数码管工作方式。
3. 根据确定的控制方式，用基本主控指令编写 PLC 控制程。
4. 能将程序下载到 PLC 中，并根据控制要求，调试好程序。

建议学时

8 课时

工作情景描述

某电视台准备举行抢答比赛，使用的抢答装置由我公司投标获得，现要求本技术组对抢答器进行设计并完成安装调试。

模拟四路抢答器数字显示功能，通过 PLC 控制完成四路抢答控制并显示抢答结果。七段数码管则作为抢答结果的显示装置，其外形如图 2—5—1 所示，具体控制要求如下。

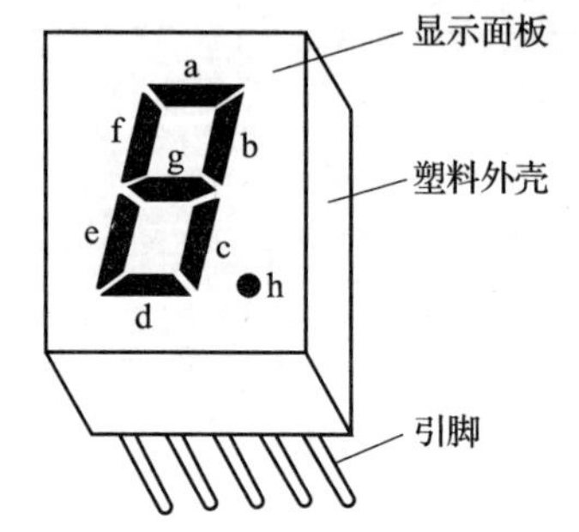

图 2—5—1　七段数码管示意图

1．主持人按下启动键方可启动抢答器控制系统。

2．抢答器启动后才允许抢答，此时四路抢答信号方为有效，在抢答器启动前和抢答完成之后的抢答信号无效。

3．七段数码管显示每次抢答结果，即最先完成抢答任务的组号。

4．主持人按下停止键，清除抢答结果，结束单次抢答。

工作过程与学习活动

学习活动 1　明确工作任务

学习活动 2　工作准备

学习活动 3　工作实施

学习活动 4　总结与评价

温馨提示：在工作过程中遵守 6S 规范，严格遵守用电、消防等安全规程要求，工作完成后按照现场管理规范清理场地、归置物品。

学习活动1 明确工作任务

学习目标

1. 能根据任务内容做好学习资源准备。
2. 能通过阅读任务信息，明确工作目标。

建议学时：0.5 课时

学习过程

一、学习资源准备

准备《PLC 技术及应用基础教程》教材、工作页、万用表、电工工具箱等教学资源。

二、明确工作任务目标

请认真阅读本次任务的学习目标和工作情景，完成以下题目：

1. 本次任务使用到的指令主要有_______、_________、INV、_________。

2. 本次任务主要是掌握____________的构成及使用方法。

3. 根据本次任务的控制要求，熟练作出 PLC 的_________和_________。

4. 在完成任务过程中，能根据确定的___________方式，用_____________指令编写控制程序。

5. 任务中使用七段数码管作为__________的显示装置。

6. 在抢答器的设计中要求：主持人按下启动键方可__________________，此时才允许_____，在抢答器处于_______及_________状况下抢答无效；当主持人按下停止键时，抢答系统会清除_________，结束抢答。

7. 将编制好的程序下载到 PLC 中之后即可按要求进行_________。

学习活动2 工 作 准 备

学习目标

1. 能通过不同途径查阅相关学习资料。
2. 能自主完成工作页资料的填写。
3. 能制定合理的工作计划。

建议学时：1.5 课时

学习过程

一、通过学习资料查阅与整理完成以下问题

1. 说明下列指令的功能。

MC：______________________________

MCR：______________________________

INV：______________________________

NOP：______________________________

2. 请叙述下列梯形图的动作过程，其中成对使用的是________指令和______指令，N0表示的是___________，它的最大级别是________级。

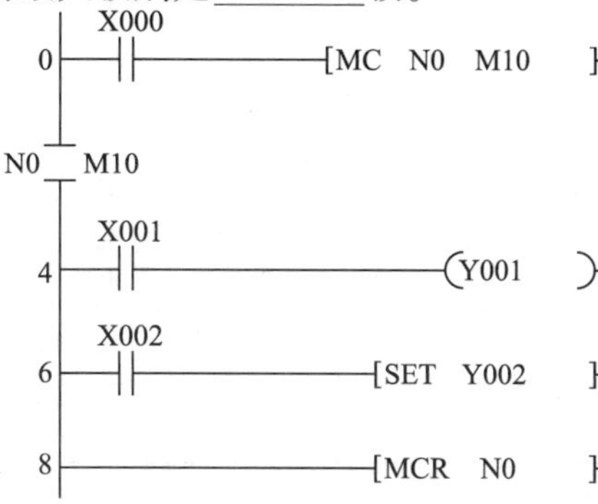

3．写出下面梯形图对应的指令表。

X000 X002 Y000

4．如果硬件没问题，应怎么检查程序的错误？

____

____

5．指出下面的数码管的类型。

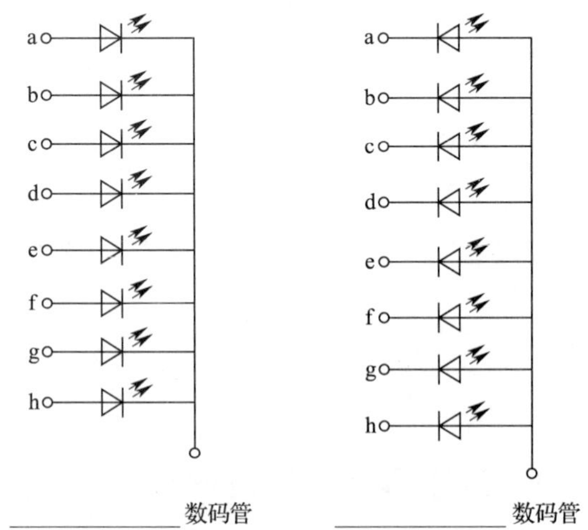

6．按照七段数码管显示的数字要求填写下表。（得电打“√”，失电打“×”）

显示字形	数码管						
	a	b	c	d	e	f	g
0							
1							
2							
3							
4							
5							
6							
7							
8							

续表

显示字形	数码管						
	a	b	c	d	e	f	g
9							
A							
B							
C							
D							
E							
F							

7. 请分别用 CPS05011AR 型共阴极数码管和 SM410561K 型共阳极数码管，画出数字 0，4，7 以及字母 B，D 的线路连接图。

8. 以下的梯形图主要体现了____________功能，其主要的作用是__________________。

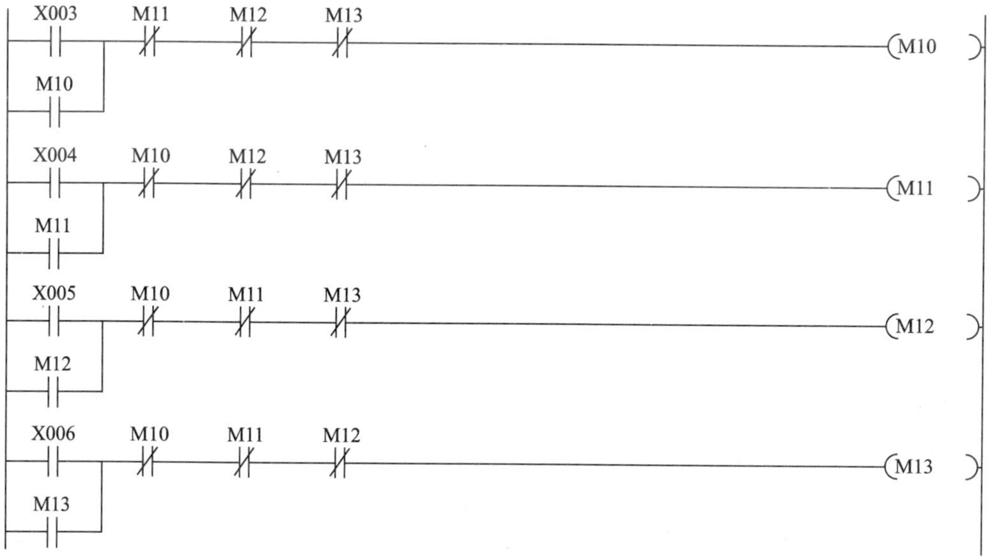

X003　M11　M12　M13　(M10)
M10

X004　M10　M12　M13　(M11)
M11

X005　M10　M11　M13　(M12)
M12

X006　M10　M11　M12　(M13)
M13

9. 思考并回答，抢答器一般应该有的功能。

二、制定工作计划

<table>
<tr><td colspan="6">“七段数码管显示控制”工作计划</td></tr>
<tr><td>班级</td><td></td><td>小组名称</td><td></td><td>时间</td><td>年　月　日</td></tr>
<tr><td colspan="6">（一）组员分工</td></tr>
<tr><td colspan="2">组员姓名</td><td colspan="4">组员分配任务（从下面任务分工选项中进行选择）</td></tr>
<tr><td>1</td><td></td><td colspan="4"></td></tr>
<tr><td>2</td><td></td><td colspan="4"></td></tr>
<tr><td>3</td><td></td><td colspan="4"></td></tr>
<tr><td>4</td><td></td><td colspan="4"></td></tr>
<tr><td>5</td><td></td><td colspan="4"></td></tr>
<tr><td colspan="6">分工选项</td></tr>
<tr><td colspan="6">A. 组织人员分工
B. 设备检查与测量
C. 主电路的接线
D. 输入回路线路连接
E. 输出回路线路连接
F. PLC 程序编写与下载
G. 系统运行与调试
H. 工作过程记录
I. 工具、材料准备</td></tr>
<tr><td colspan="2">建议</td><td colspan="4">1. 建议按照学生以往成绩由教师进行搭配分组或学生自由组合
2. 建议每组组员 3 ~ 4 人
3. 分工选项可以根据实际需求进行增加或减少</td></tr>
</table>

续表

（二）工具材料清单				
序号	工具或材料名称	型号规格	数量	备注

（三）工序步骤安排			
序号	工作内容	计划用时	备注

（四）安全防护措施建议

学习活动3 工 作 实 施

学习目标

1. 能根据任务工作计划，落实实施步骤。

2. 能够通过小组协作方式完成任务工作计划。

3. 能清楚任务所需指令并熟练应用相关指令。

4. 能以小组协作方式完成本次任务的接线图、梯形图、指令表。

5. 能进行程序的下载与调试，及时处理调试过程中出现的问题。

建议学时：4 课时

学习过程

一、请根据任务描述分析控制要求

二、根据控制要求填写输入、输出点分配表

"七段数码管显示控制线路"输入点与输出点分配表

输入设备	输入点编号	输出设备	输出点编号

三、按控制要求分别画出本任务的 PLC 外部接线图

四、根据控制要求完成梯形图、指令表程序的编写

1. 梯形图

2. 指令表

五、程序编辑与下载

请参看《PLC 技术及应用基础教程》“项目二任务一”中“程序编辑与下载”的步骤，把你编写的程序下载至 PLC，并且完成 PLC 的接线。

六、通电调试

为保证人身安全，在通电调试时，要认真执行安全操作规程的有关规定，经老师检查并现场监护。

按照七段数码管显示控制线路调试情况，填写下表。

功能调试记录表

序号	操作	数码管显示
1	按下 SB1	
2	先按下 SB3，再按 SB4、SB5、SB6 中任一个	
3	先按下 SB4，再按 SB3、SB5、SB6 中任一个	
4	按下 SB2	

七、整理与提高

1．请记录本次程序编辑和下载中出现的错误及解决方法：

2．本次调试程序时，你认为有哪些是需要特别注意的？

学习活动 4 总结与评价

学习目标

1. 能以小组形式，对学习过程和实训成果进行汇报总结。

2. 能客观公正地对任务完成情况进行自评、组评。

建议学时：2 课时

学习过程

一、工作总结

1. 个人撰写工作小结

任务工作小结

班级		任务名称		撰写人		学号	

续表

班级		任务名称		撰写人		学号	
（可以附页）							

2. 成果展示与汇报

以小组为单位，选择演示文稿、展板、录像、演讲等形式中的一种或几种，向全班展示、汇报学习成果。

二、综合评价

评价表

<table>
<tr><td>班级</td><td></td><td>姓名</td><td></td><td>学号</td><td></td><td>日期</td><td>年 月 日</td></tr>
<tr><td colspan="2">学习任务名称</td><td colspan="6"></td></tr>
<tr><td rowspan="11">自我评价</td><td>1</td><td colspan="4">6S 管理</td><td colspan="2">□符合 □不符合</td></tr>
<tr><td>2</td><td colspan="4">能准时上、下课</td><td colspan="2">□符合 □不符合</td></tr>
<tr><td>3</td><td colspan="4">着装符合职业规范</td><td colspan="2">□符合 □不符合</td></tr>
<tr><td>4</td><td colspan="4">能独立完成工作页填写</td><td colspan="2">□能 □不能</td></tr>
<tr><td>5</td><td colspan="4">利用教材、课件和网络资源等查找有效信息</td><td colspan="2">□能 □不能</td></tr>
<tr><td>6</td><td colspan="4">能正确使用工具及设备</td><td colspan="2">□能 □不能</td></tr>
<tr><td>7</td><td colspan="4">能制定合理的任务实施计划及人员分工</td><td colspan="2">□能 □不能</td></tr>
<tr><td>8</td><td colspan="4">工作过程中材料工具能摆放整齐</td><td colspan="2">□能 □不能</td></tr>
<tr><td>9</td><td colspan="4">工作过程中自觉遵守安全用电规范</td><td colspan="2">□能 □不能</td></tr>
<tr><td>10</td><td colspan="4">工作完成后自觉整理、清理工位</td><td colspan="2">□能 □不能</td></tr>
<tr><td colspan="5">学习效果自我评价等级：
自我评价人签名：</td><td colspan="2">□优 □良
□合格 □不合格</td></tr>
<tr><td rowspan="10">小组评价</td><td>11</td><td colspan="4">能在小组内积极发言，出谋划策</td><td colspan="2">□能 □不能</td></tr>
<tr><td>12</td><td colspan="4">能积极配合小组成员完成工作任务</td><td colspan="2">□优 □良
□合格 □不合格</td></tr>
<tr><td>13</td><td colspan="4">能积极完成所分配的工作任务</td><td colspan="2">□优 □良
□合格 □不合格</td></tr>
<tr><td>14</td><td colspan="4">能清晰表达自己的观点</td><td colspan="2">□能 □不能</td></tr>
<tr><td>15</td><td colspan="4">具有安全、规范和环保意识</td><td colspan="2">□能 □不能</td></tr>
<tr><td>16</td><td colspan="4">遵守课堂纪律，不做与课程无关的事</td><td colspan="2">□能 □不能</td></tr>
<tr><td>17</td><td colspan="4">爱护公共财物，自觉维护教学设备的完好性</td><td colspan="2">□能 □不能</td></tr>
<tr><td>18</td><td colspan="4">能撰写个人任务学习小结</td><td colspan="2">□优 □良
□合格 □不合格</td></tr>
<tr><td>19</td><td colspan="4">是否造成工量具或教学设备可修复性损坏</td><td colspan="2">□是 □否</td></tr>
<tr><td colspan="5">学习效果小组评价等级：
小组评分人签名：</td><td colspan="2">□优 □良
□合格 □不合格</td></tr>
</table>

续表

<table>
<tr><td>班级</td><td></td><td>姓名</td><td></td><td>学号</td><td></td><td>日期</td><td>年　月　日</td></tr>
<tr><td colspan="2">学习任务名称</td><td colspan="6"></td></tr>
<tr><td rowspan="3">教师评价</td><td colspan="4">综合评价等级：</td><td colspan="3">□优　□良
□合格　□不合格</td></tr>
<tr><td colspan="4">加分奖励</td><td colspan="3">□2 分　□5 分
□8 分　□10 分</td></tr>
<tr><td colspan="7">评语：

指导教师：</td></tr>
<tr><td>学生个人成绩评定</td><td colspan="7"></td></tr>
<tr><td>评价实施说明</td><td colspan="7">1. 在任务实施过程中未出现人身伤害事故或设备严重损坏的前提下进行评价
2. 评价方法
（1）自我评价：1～10 项中，能达到 9 项及以上要求为优，能达到 7 项及以上为良，能达到 6 项及以上为合格，低于 6 项为不合格
（2）小组评价：11～19 项中，能达到 8 项及以上要求为优，能达到 6 项及以上为良，能达到 5 项及以上为合格，低于 5 项为不合格
（3）教师综合评价：教师根据学生自我评价、小组评价以及课堂记录，对每个学生工作任务完成情况进行综合等级评价，综合评价等级与分数的对应关系为：优：90 分，良：75 分，合格：60 分，不合格：50 分
（4）学生个人成绩评定：学生个人成绩＝综合评价分＋奖励分</td></tr>
</table>

学习任务六　多种液体自动混合控制

学习目标

知识目标：

巩固基本指令的知识。

技能目标：

1. 能根据控制要求，熟练做出 PLC 的 I/O 接线图。
2. 能根据控制要求的描述的，理解多种液体的自动混合装置工作方式。
3. 根据确定的控制方式，用基本主控指令编写 PLC 控制程。
4. 能将程序下载到 PLC 中，并根据控制要求，调试好程序。

建议学时

8 课时

工作情景描述

如图 2—6—1 所示，某工厂要建设一个多种液体的自动混合装置，任务交付本技术组完成。该装置由电磁阀控制液体的进出，由电炉实现液体加热，由搅拌电动机实现液体混合。具体控制要求如下：

（1）按下启动按钮 SB1，电磁阀 K1 打开，液体 A 流入箱中。

（2）当液面到达 L2 处时，K1 阀关闭，同时 K2 阀打开，液体 B 流入箱中。

（3）当液面达到 L1 处时，K2 阀关闭，停止供液，电炉 H 开始加热。

（4）当液体到达指定温度时，温度传感器 T 动作，电炉停止加热，搅拌机 M 开始搅拌液体。

（5）5 min 后停止搅拌，K3 阀打开，将加热并混合好的液体放出。

（6）当液面低于 L3 时，再经过 10 s，K3 阀关闭，此时箱内液体已放空。

（7）此时电磁阀 K1 打开，液体 A 再次流入箱中，开始下一周期循环。

（8）任何时候按下停止按钮 SB2，系统停止操作（停在初始状态上）。

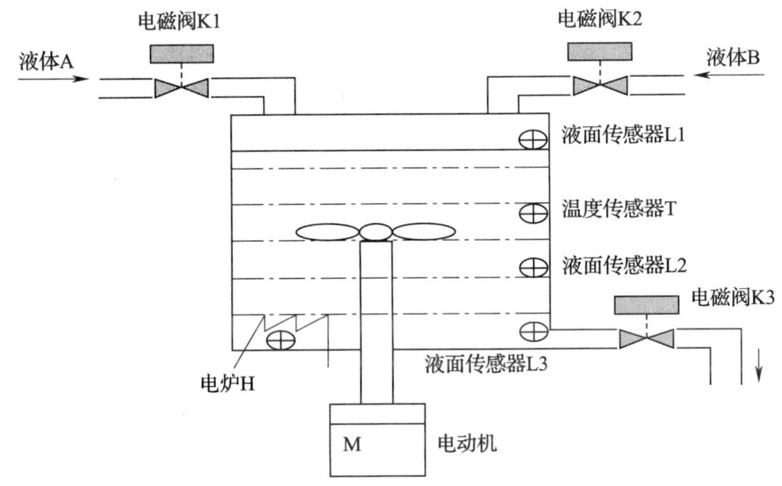

图 2—6—1　液体自动混合箱示意图

工作过程与学习活动

学习活动 1　明确工作任务

学习活动 2　工作准备

学习活动 3　工作实施

学习活动 4　总结与评价

温馨提示：在工作过程中遵守 6S 规范，严格遵守用电、消防等安全规程要求，工作完成后按照现场管理规范清理场地、归置物品。

学习活动1 明确工作任务

学习目标

1. 能根据任务内容做好学习资源准备。
2. 能通过阅读任务信息，明确工作目标。

建议学时：0.5 课时

学习过程

一、学习资源准备

准备《PLC 技术及应用基础教程》教材、工作页、万用表、电工工具箱等教学资源。

二、明确工作任务目标

请认真阅读本次任务的学习目标和工作情景，完成以下题目：

1. 本次任务的知识点主要是巩固________ 指令的功能及使用。

2. 根据控制要求，理解多种液体的自动混合装置的__________。

3. 根据任务控制要求，利用__________ 指令编写 PLC 控制程序，能将________下载到 PLC 中，下载后并按要求进行________ 。

4. 工厂的多种液体的自动混合装置是由________ 控制液体的进出，由________实现液体加热，由__________ 来实现液体混合。

5. 多种液体的自动混合装置的控制要求是：当按下启动按键 SB1，电磁阀 K1 ______，液体 A ____________；当液面到达 L2 处时，K1 阀________，K2 阀________ ，液体 B ______ ；当液体到达指定温度时，____________动作，电炉__________ ，搅拌机 M __________；5 min 后停止搅拌。

6. 装置在停止搅拌后，K3 阀______，将加热并混合好的液体________；当液面低于 L3 时，再经过 10 s，K3 阀______，此时箱内液体________；此时电磁阀 K1 打开，液体 A ______，开始下一周期循环；任何时候按下停止按键 SB2，系统__________。

学习活动2 工 作 准 备

学习目标

1. 能通过不同途径查阅相关学习资料。
2. 能自主完成工作页资料的填写。
3. 能制定合理的工作计划。

建议学时：1.5 课时

学习过程

一、通过学习资料查阅与整理完成以下问题

1. 查阅相关资料，列举出自动液体混合装置在生产中的应用场合。

____

____

2. 将下面的梯形图转换成对应的指令表。

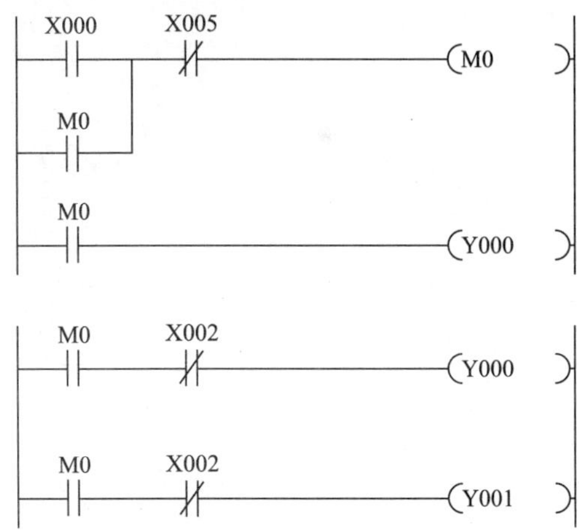

3．根据指令表，画出对应的梯形图。

LD　M0

ANI　X2

OUT　Y0

LD　M0

AND　X2

ANI　X1

OUT　Y1

LD　M0

AND　X1

ANI　X4

OUT　Y3

4．画出 K2 阀门的控制梯形图。

5．画出搅拌机 M 的控制梯形图。

6．试设计两个不同的程序来实现相同的控制功能。

7. 如果 PLC 输入点 X5 出现故障，现将线路连接到 X15，怎样可以快速完成程序的修改？

____

____

8. PLC 控制系统中，按下启动按钮，设备不动作，经过检查，确认线路与设备均正常，该如何判断程序出错？写出你的想法。

____

____

____

二、制定工作计划

<table>
<tr><td colspan="6">“多种液体自动混合控制”工作计划</td></tr>
<tr><td>班级</td><td></td><td>小组名称</td><td></td><td>时间</td><td>年　月　日</td></tr>
<tr><td colspan="6">（一）组员分工</td></tr>
<tr><td colspan="2">组员姓名</td><td colspan="4">组员分配任务（从下面任务分工选项中进行选择）</td></tr>
<tr><td>1</td><td></td><td colspan="4"></td></tr>
<tr><td>2</td><td></td><td colspan="4"></td></tr>
<tr><td>3</td><td></td><td colspan="4"></td></tr>
<tr><td>4</td><td></td><td colspan="4"></td></tr>
<tr><td>5</td><td></td><td colspan="4"></td></tr>
<tr><td colspan="6">分工选项</td></tr>
<tr><td colspan="6">A. 组织人员分工
B. 设备检查与测量
C. 主电路的接线
D. 输入回路线路连接
E. 输出回路线路连接
F. PLC 程序编写与下载
G. 系统运行与调试
H. 工作过程记录
I. 工具、材料准备</td></tr>
<tr><td colspan="2">建议</td><td colspan="4">1. 建议按照学生以往成绩由教师进行搭配分组或学生自由组合
2. 建议每组组员 3～4 人
3. 分工选项可以根据实际需求进行增加或减少</td></tr>
</table>

续表

（二）工具材料清单				
序号	工具或材料名称	型号规格	数量	备注

（三）工序步骤安排			
序号	工作内容	计划用时	备注

（四）安全防护措施建议

学习活动3 工 作 实 施

学习目标

1. 能根据任务工作计划，落实实施步骤。

2. 能够通过小组协作方式完成任务工作计划。

3. 能清楚任务所需指令并熟练应用相关指令。

4. 能以小组协作方式完成本次任务的接线图、梯形图、指令表。

5. 能进行程序的下载与调试，及时处理调试过程中出现的问题。

建议学时：4 课时

学习过程

一、请根据任务描述分析控制要求

二、根据控制要求填写输入、输出点分配表

"多种液体自动混合控制"输入点与输出点分配表

输入设备	输入点编号	输出设备	输出点编号

三、按控制要求分别画出本任务的 PLC 外部接线图

四、根据控制要求完成梯形图、指令表程序的编写

1. 梯形图

2. 指令表

五、程序编辑与下载

请参看《PLC 技术及应用基础教程》“项目二任务一”中“程序编辑与下载”的步骤，把你编写的程序下载至 PLC，并且完成 PLC 的接线。

六、通电调试

为保证人身安全，在通电调试时，要认真执行安全操作规程的有关规定，经老师检查并现场监护。

多种液体自动混合控制线路调试情况，填写下表。

功能调试记录表

序号	操作	KM1 接触器（线圈、主触头）	KM2 接触器（线圈、主触头）	电动机
1	按下 SB1			
2	按下 SB0			

续表

序号	操作	KM1 接触器（线圈、主触头）	KM2 接触器（线圈、主触头）	电动机
3	按下 SB2			
4	按下 SB3			
5	松开 SB4			

七、整理与提高

1. 请记录本次程序编辑和下载中出现的错误及解决方法：

____

____

____

____

____

____

2. 本次调试程序时，你认为有哪些是需要特别注意的？

____

____

____

____

学习活动 4　总结与评价

学习目标

1. 能以小组形式，对学习过程和实训成果进行汇报总结。
2. 能客观公正地对任务完成情况进行自评、组评。

建议学时：2 课时

学习过程

一、工作总结

1. 个人撰写工作小结

任务工作小结

班级		任务名称		撰写人		学号	

续表

班级		任务名称		撰写人		学号	
（可以附页）							

2. 成果展示与汇报

以小组为单位，选择演示文稿、展板、录像、演讲等形式中的一种或几种，向全班展示、汇报学习成果。

二、综合评价

评价表

<table>
<tr><td>班级</td><td></td><td>姓名</td><td></td><td>学号</td><td></td><td>日期</td><td>年 月 日</td></tr>
<tr><td colspan="2">学习任务名称</td><td colspan="6"></td></tr>
<tr><td rowspan="11">自我评价</td><td>1</td><td colspan="4">6S 管理</td><td colspan="2">□符合 □不符合</td></tr>
<tr><td>2</td><td colspan="4">能准时上、下课</td><td colspan="2">□符合 □不符合</td></tr>
<tr><td>3</td><td colspan="4">着装符合职业规范</td><td colspan="2">□符合 □不符合</td></tr>
<tr><td>4</td><td colspan="4">能独立完成工作页填写</td><td colspan="2">□能 □不能</td></tr>
<tr><td>5</td><td colspan="4">利用教材、课件和网络资源等查找有效信息</td><td colspan="2">□能 □不能</td></tr>
<tr><td>6</td><td colspan="4">能正确使用工具及设备</td><td colspan="2">□能 □不能</td></tr>
<tr><td>7</td><td colspan="4">能制定合理的任务实施计划及人员分工</td><td colspan="2">□能 □不能</td></tr>
<tr><td>8</td><td colspan="4">工作过程中材料工具能摆放整齐</td><td colspan="2">□能 □不能</td></tr>
<tr><td>9</td><td colspan="4">工作过程中自觉遵守安全用电规范</td><td colspan="2">□能 □不能</td></tr>
<tr><td>10</td><td colspan="4">工作完成后自觉整理、清理工位</td><td colspan="2">□能 □不能</td></tr>
<tr><td colspan="5">学习效果自我评价等级：
自我评价人签名：</td><td colspan="2">□优 □良
□合格 □不合格</td></tr>
<tr><td rowspan="10">小组评价</td><td>11</td><td colspan="4">能在小组内积极发言，出谋划策</td><td colspan="2">□能 □不能</td></tr>
<tr><td>12</td><td colspan="4">能积极配合小组成员完成工作任务</td><td colspan="2">□优 □良
□合格 □不合格</td></tr>
<tr><td>13</td><td colspan="4">能积极完成所分配的工作任务</td><td colspan="2">□优 □良
□合格 □不合格</td></tr>
<tr><td>14</td><td colspan="4">能清晰表达自己的观点</td><td colspan="2">□能 □不能</td></tr>
<tr><td>15</td><td colspan="4">具有安全、规范和环保意识</td><td colspan="2">□能 □不能</td></tr>
<tr><td>16</td><td colspan="4">遵守课堂纪律，不做与课程无关的事</td><td colspan="2">□能 □不能</td></tr>
<tr><td>17</td><td colspan="4">爱护公共财物，自觉维护教学设备的完好性</td><td colspan="2">□能 □不能</td></tr>
<tr><td>18</td><td colspan="4">能撰写个人任务学习小结</td><td colspan="2">□优 □良
□合格 □不合格</td></tr>
<tr><td>19</td><td colspan="4">是否造成工量具或教学设备可修复性损坏</td><td colspan="2">□是 □否</td></tr>
<tr><td colspan="5">学习效果小组评价等级：
小组评分人签名：</td><td colspan="2">□优 □良
□合格 □不合格</td></tr>
</table>

续表

<table>
<tr><td>班级</td><td></td><td>姓名</td><td></td><td>学号</td><td></td><td>日期</td><td>年　月　日</td></tr>
<tr><td colspan="2">学习任务名称</td><td colspan="6"></td></tr>
<tr><td rowspan="3">教师评价</td><td colspan="4">综合评价等级：</td><td colspan="3">□优　□良
□合格　□不合格</td></tr>
<tr><td colspan="4">加分奖励</td><td colspan="3">□2 分　□5 分
□8 分　□10 分</td></tr>
<tr><td colspan="7">评语：

指导教师：</td></tr>
<tr><td>学生个人成绩评定</td><td colspan="7"></td></tr>
<tr><td>评价实施说明</td><td colspan="7">1. 在任务实施过程中未出现人身伤害事故或设备严重损坏的前提下进行评价
2. 评价方法
（1）自我评价：1 ~ 10 项中，能达到 9 项及以上要求为优，能达到 7 项及以上为良，能达到 6 项及以上为合格，低于 6 项为不合格
（2）小组评价：11 ~ 19 项中，能达到 8 项及以上要求为优，能达到 6 项及以上为良，能达到 5 项及以上为合格，低于 5 项为不合格
（3）教师综合评价：教师根据学生自我评价、小组评价以及课堂记录，对每个学生工作任务完成情况进行综合等级评价，综合评价等级与分数的对应关系为：优：90 分，良：75 分，合格：60 分，不合格：50 分
（4）学生个人成绩评定：学生个人成绩 = 综合评价分 + 奖励分</td></tr>
</table>

项目三　步进顺序控制指令应用

学习任务一　交通灯的控制

学习目标

知识目标：

1. 了解步进指令 STL、RET 的功能。
2. 熟悉顺序功能图的表示。

技能目标：

1. 能进行单流程结构的编程。
2. 能用 GX－Developer 软件绘制 SFC 图形，并转换为梯形图。
3. 能用 GX－Developer 软件进行程序传输、SFC 图形监控。
4. 能将程序下载到 PLC 中，并根据控制要求，调试程序。

建议学时

12 课时

工作情景描述

某市交通部门需要在一新建十字路口安装交通指示灯，本公司现准备投标获得该系统的建造资格，因此需要设计部完成设计方案，本部根据要求，确定使用顺序控制功能图完成程序设计，交付本技术组完成具体程序的编写。

要求如下：使用 PLC 顺序功能图进行控制，系统中有红、黄、绿三种颜色交通灯，交通灯的亮和灭是有一定的顺序的，开始的时候为东西方向红灯亮，南北方向绿灯亮；延时 5 s 后东西方向红灯亮，南北方向黄灯亮；延时 2 s 后东西方向绿灯亮，南北方向红灯亮；延时 5 s 后东西方向黄灯亮，南北方向红灯亮；延时 2 s 后回到开始状态，如此循环工作。

交通灯控制系统如图 3—1—1 所示。

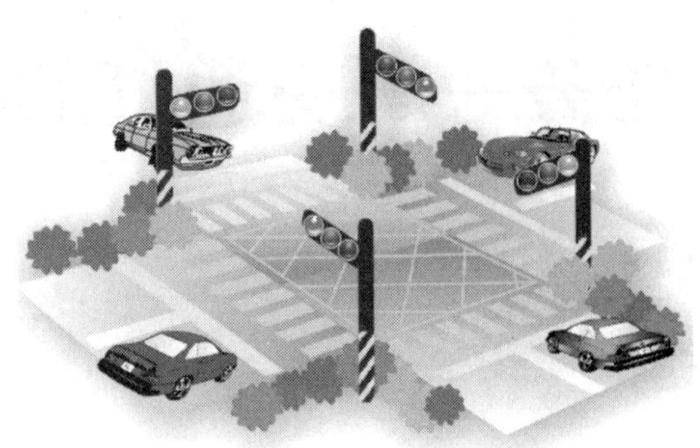

图 3—1—1 交通灯控制系统

工作过程与学习活动

学习活动 1 明确工作任务

学习活动 2 工作准备

学习活动 3 工作实施

学习活动 4 总结与评价

温馨提示：在工作过程中遵守 6S 规范，严格遵守用电、消防等安全规程要求，工作完成后按照现场管理规范清理场地、归置物品。

学习活动1　明确工作任务

学习目标

1. 能根据任务内容做好学习资源准备。
2. 能通过阅读任务信息，明确工作目标。

建议学时：1 课时

学习过程

一、学习资源准备

准备《PLC 技术及应用基础教程》教材、相关 PPT 课件或视频动画、FX_{2N}使用说明书、安全操作规程等教学资源。

二、明确工作任务目标

请认真阅读本次任务的学习目标和工作情景，完成以下题目：

1. 步进指令有________、__________ 两条。

2. 下面（　　）不是这次学习任务的目标。

A. 熟悉顺序功能图的表示

B. 掌握单流程结构的编程方法

C. 熟悉状态转移图的转换及编程方法

D. 能用 GX – Developer 软件绘制 SFC 图形，并转换为梯形图

E. 能用 GX – Developer 软件进行程序传输、SFC 图形监控

F. 将程序下载到 PLC 中，并根据控制要求，调试程序

G. 能完成系统安装和 PLC 的接线

3. 本任务交通灯的控制要求是：开始时为________方向红灯亮，南北方向______ 灯

亮；延时 5 s 后东西方向红灯亮，南北方向________灯亮；延时________s 后东西方向绿灯亮，南北方向红灯亮；延时 5 s 后东西方向黄灯亮，__________方向红灯亮；延时 2 s 后回到开始状态，如此________工作。

学习活动2　工 作 准 备

学习目标

1. 能自主通过不同途径查阅相关学习资料。
2. 能独立完成相关工作页资料的填写。
3. 能与小组成员合作制定合理的工作计划。

建议学时：3 课时

学习过程

一、查阅资料完成以下问题

1. 所谓顺序控制，就是按照__________所要求的动作规律，在各个__________ 的作用下，根据内部的__________和________顺序，使生产过程的各个执行机构自动地、有秩序地进行操作。

2. 在顺序控制中，生产过程是按顺序、有步骤地连续工作，因此，可以将一个较复杂的生产过程分解成若干________，每一步对应生产过程中一个__________，也称一个工步（或一个状态）。

3. PLC 的顺序功能图（Sequential Function Chart，简称______）是一种按照工艺流程图进行编程的图形编程语言，又称为________。它的基本设计思想：设计者按照生产工艺的要求，将机械动作的一个工作周期划分为若干个________（简称为“______”），并明确每一步所要执行的输出，步与步之间通过__________ 进行转换。因此，只需要通过正确连接进行步与步之间的转换，便可以完成机械的全部动作。

4. 根据顺序功能图的构成，填写下图空白框，并完成下面问题。

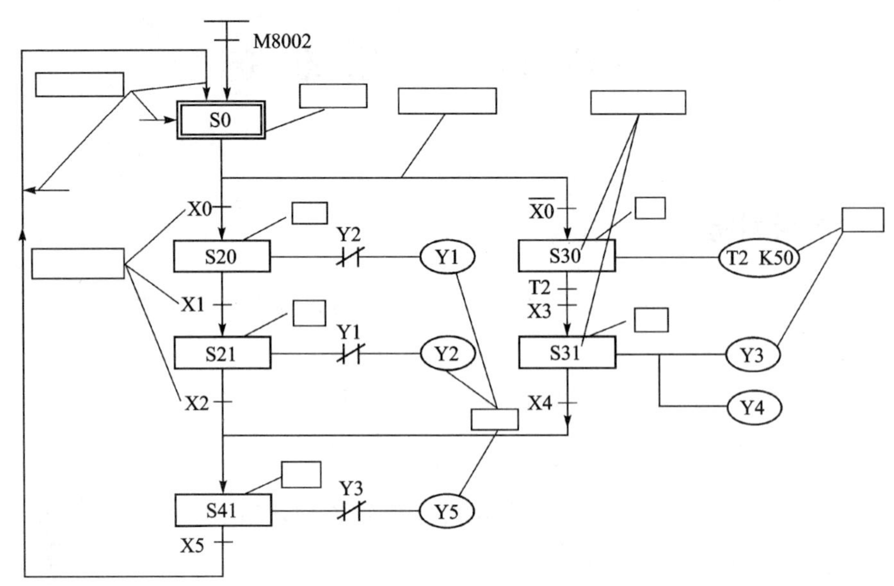

(1) 请说明“初始步”和“活动步”的含义：

初始步：与系统的______________相对应的步。一般是系统等待起动命令的相对静止状态。初始步用__________ 表示，每个 SFC 至少__________。

活动步：当系统处于__________的阶段时，该步处于活动状态，该步称为________步。步处于活动状态时，相应的动作________；步处于不活动状态时，相应的________________被停止执行。

(2) 请说明“转换”的含义：步的活动状态进展是由转换来完成的。上图 SFC 图中用__________ 表示转换。步与步之间不允许__________，必须由转换隔开，而______________也不能直接相连，必须由步隔开。

(3) 请说明“有向连线”的含义：步与步之间用__________连接，并且用转换将步分隔开。有向连线是__________的连接线，它决定了状态转换的方向与途径。__________ 按照有向连线规定的路线进行。有向连线无箭头时按照_____________________ 的顺序进行，有箭头时则按箭头方向进行。

(4) 在该图中，若状态寄存器 S20 处于得电状态，此时，接通 X1，则哪个状态寄存器会得电？

---

(5) 在上图中，若 S20 处于得电状态，Y1 线圈是否会一定得电？如果不是，那 Y1 要得电还需要满足什么条件？

此时，Y2 线圈会不会得电？为什么？

5．请把下面状态元件的分类表的空白部分补充完整。

状态继电器 S 的分类

初始状态继电器		通用状态继电器		报警状态继电器
	S10 ~ S19		S500 ~ S899	

6．STL、RET 指令功能：STL 指令有主控含义，即 STL 指令后面的触点要用________。同时，STL 指令有自动____________功能。在__________必须使用 RET 指令，表示步进顺控功能结束。

7．请说明下面四个 SFC 图的动作流程。

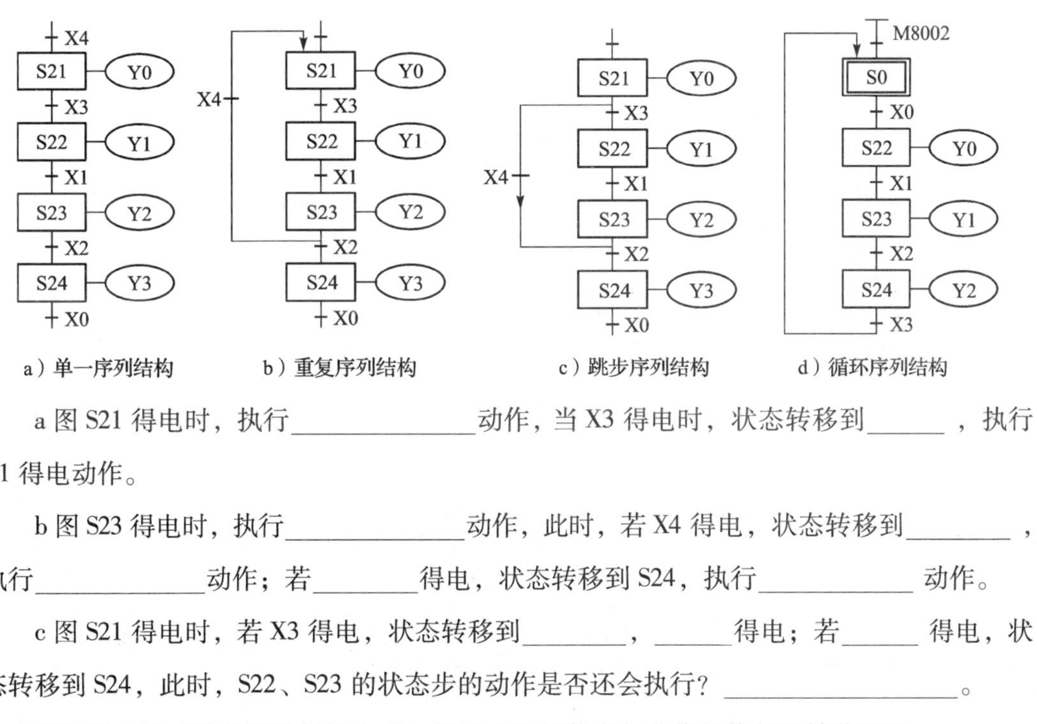

a）单一序列结构　b）重复序列结构　c）跳步序列结构　d）循环序列结构

a 图 S21 得电时，执行__________动作，当 X3 得电时，状态转移到______，执行 Y1 得电动作。

b 图 S23 得电时，执行__________动作，此时，若 X4 得电，状态转移到________，执行__________动作；若______得电，状态转移到 S24，执行__________动作。

c 图 S21 得电时，若 X3 得电，状态转移到________，______得电；若______得电，状态转移到 S24，此时，S22、S23 的状态步的动作是否还会执行？____________。

请按照上述三种状况的描述方式，描述 d 图的状态与动作的执行和转移过程。

二、制定工作计划

<table>
<tr><td colspan="6">“交通灯的控制”工作计划</td></tr>
<tr><td>班级</td><td></td><td>小组名称</td><td></td><td>时间</td><td>年 月 日</td></tr>
<tr><td colspan="6">（一）组员分工</td></tr>
<tr><td colspan="2">组员姓名</td><td colspan="4">组员分配任务（从下面任务分工选项中进行选择）</td></tr>
<tr><td>1</td><td></td><td colspan="4"></td></tr>
<tr><td>2</td><td></td><td colspan="4"></td></tr>
<tr><td>3</td><td></td><td colspan="4"></td></tr>
<tr><td>4</td><td></td><td colspan="4"></td></tr>
<tr><td>5</td><td></td><td colspan="4"></td></tr>
<tr><td colspan="6">分工选项</td></tr>
<tr><td colspan="6">A. 组织人员分工
B. 设备检查与测量
C. 主电路的接线
D. 输入回路线路连接
E. 输出回路线路连接
F. PLC 程序编写与下载
G. 系统运行与调试
H. 工作过程记录
I. 工具、材料准备</td></tr>
<tr><td colspan="2">建议</td><td colspan="4">1. 建议按照学生以往成绩由教师进行搭配分组或学生自由组合
2. 建议每组组员 3～4 人
3. 分工选项可以根据实际需求进行增加或减少</td></tr>
<tr><td colspan="6">（二）工具材料清单</td></tr>
<tr><td>序号</td><td>工具或材料名称</td><td>型号规格</td><td>数量</td><td colspan="2">备注</td></tr>
<tr><td></td><td></td><td></td><td></td><td colspan="2"></td></tr>
<tr><td></td><td></td><td></td><td></td><td colspan="2"></td></tr>
<tr><td></td><td></td><td></td><td></td><td colspan="2"></td></tr>
</table>

续表

（二）工具材料清单				
序号	工具或材料名称	型号规格	数量	备注

（三）工序步骤安排			
序号	工作内容	计划用时	备注

（四）安全防护措施建议

学习活动3 工 作 实 施

学习目标

1. 能根据任务工作计划，落实实施步骤。

2. 能够通过小组协作方式完成任务工作计划。

3. 能清楚任务所需指令并熟练应用相关指令。

4. 能完成本次任务的接线图、顺序控制功能图的绘制。

5. 能完成程序设计并进行调试，及时处理调试过程中出现的问题。

建议学时：6 课时

学习过程

一、请根据任务描述分析控制要求

请依照交通灯任务描述的内容分析任务功能，完成下面状态流程分析表。

状态流程分析表

交通灯实际工作流程	状态	动作内容	转移条件
GL YL RL 状态 0 ⇨ S0	S0 表示状态 0		X0 开始信号满足转至 S20 步
状态 1 ⇨ S20	S20 表示状态 1	东西方向红灯亮， 南北方向绿灯亮	
状态 2 ⇨ S21		东西方向红灯亮， 南北方向黄灯亮	
状态 3 ⇨ S22	S22 表示状态 3		
状态 4 ⇨ S23	S23 表示____		

为使得系统能自动循环，在 S23 步后应转移至__________。

二、根据交通灯控制要求填写输入、输出点分配表

输入点与输出点分配表

输入设备	输入点编号	输出设备	输出点编号

三、按控制要求画出本任务的 PLC 外部接线图

四、画出简易交通灯东西方向灯组的顺序控制功能图

五、程序编辑与下载

请参看《PLC 技术及应用基础教程》“项目三任务一”中“七、程序输入”的步骤和图 3—1—1 中的顺序功能图，编写 SFC 图，下载至 PLC，并完成下面问题。

1. SFC 程序初始状态的激活，请看下图：

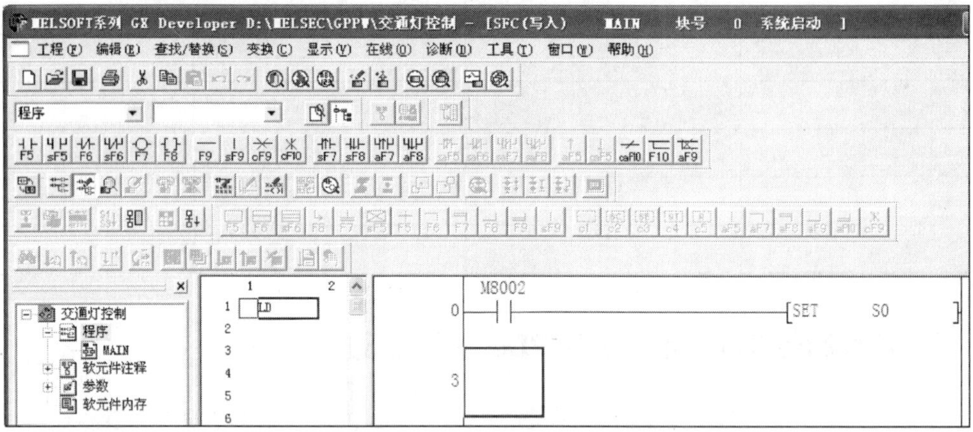

图中，利用 PLC 的辅助继电器 M8002 的__________使初始状态生效，从而完成初始状态的激活。换句话说，该步骤的程序设置是让 S0 在______________情况下得电。

还可以根据不同的控制需要，设置____________________条件。只需要把条件触点并联在 M8002 两边即可。

六、通电调试

为保证人身安全，在通电调试时，要认真执行安全操作规程的有关规定，经老师检查并现场监护。

接通电源按下启动按钮，观察交通灯运行情况是否正常，并把调试过程记录到下列表格中。

系统调试过程记录表

操作者动作	动作改变的条件或节点	各负载情况（得电或失电）	分析出错原因（没错不填）
按下启动按钮			
	经过 5 s		

续表

操作者动作	动作改变的条件或节点	各负载情况（得电或失电）	分析出错原因（没错不填）

七、整理与提高

1. 在整个工作过程中，你出现过哪些错误，请记录下来，并写下你解决的办法：

2. 本程序启动运行后，能否停止？若不能，你觉得该如何设置停止功能，让系统能停止运行？

学习活动4 总结和评价

学习目标

1. 能以小组形式，对学习过程和实训成果进行汇报总结。

2. 能客观公正地对任务完成情况进行自评、组评。

建议学时：2课时

学习过程

一、工作总结

1. 个人撰写工作小结

任务工作小结

班级		任务名称		撰写人		学号	

续表

班级		任务名称		撰写人		学号	
（可以附页）							

2. 成果展示与汇报

以小组为单位，选择演示文稿、展板、录像、演讲等形式中的一种或几种，向全班展示、汇报学习成果。

二、综合评价

评价表

<table>
<tr><td>班级</td><td></td><td>姓名</td><td></td><td>学号</td><td></td><td>日期</td><td>年 月 日</td></tr>
<tr><td colspan="2">学习任务名称</td><td colspan="6"></td></tr>
<tr><td rowspan="12">自我评价</td><td>1</td><td colspan="4">6S 管理</td><td colspan="2">□符合 □不符合</td></tr>
<tr><td>2</td><td colspan="4">能准时上、下课</td><td colspan="2">□符合 □不符合</td></tr>
<tr><td>3</td><td colspan="4">着装符合职业规范</td><td colspan="2">□符合 □不符合</td></tr>
<tr><td>4</td><td colspan="4">能独立完成工作页填写</td><td colspan="2">□能 □不能</td></tr>
<tr><td>5</td><td colspan="4">利用教材、课件和网络资源等查找有效信息</td><td colspan="2">□能 □不能</td></tr>
<tr><td>6</td><td colspan="4">能正确使用工具及设备</td><td colspan="2">□能 □不能</td></tr>
<tr><td>7</td><td colspan="4">能制定合理的任务实施计划及人员分工</td><td colspan="2">□能 □不能</td></tr>
<tr><td>8</td><td colspan="4">工作过程中材料工具能摆放整齐</td><td colspan="2">□能 □不能</td></tr>
<tr><td>9</td><td colspan="4">工作过程中自觉遵守安全用电规范</td><td colspan="2">□能 □不能</td></tr>
<tr><td>10</td><td colspan="4">工作完成后自觉整理、清理工位</td><td colspan="2">□能 □不能</td></tr>
<tr><td colspan="5" rowspan="2">学习效果自我评价等级：
自我评价人签名：</td><td colspan="2">□优 □良</td></tr>
<tr><td colspan="2">□合格 □不合格</td></tr>
<tr><td rowspan="11">小组评价</td><td>11</td><td colspan="4">能在小组内积极发言，出谋划策</td><td colspan="2">□能 □不能</td></tr>
<tr><td>12</td><td colspan="4">能积极配合小组成员完成工作任务</td><td colspan="2">□优 □良
□合格 □不合格</td></tr>
<tr><td>13</td><td colspan="4">能积极完成所分配的工作任务</td><td colspan="2">□优 □良
□合格 □不合格</td></tr>
<tr><td>14</td><td colspan="4">能清晰表达自己的观点</td><td colspan="2">□能 □不能</td></tr>
<tr><td>15</td><td colspan="4">具有安全、规范和环保意识</td><td colspan="2">□能 □不能</td></tr>
<tr><td>16</td><td colspan="4">遵守课堂纪律，不做与课程无关的事</td><td colspan="2">□能 □不能</td></tr>
<tr><td>17</td><td colspan="4">爱护公共财物，自觉维护教学设备的完好性</td><td colspan="2">□能 □不能</td></tr>
<tr><td>18</td><td colspan="4">能撰写个人任务学习小结</td><td colspan="2">□优 □良
□合格 □不合格</td></tr>
<tr><td>19</td><td colspan="4">是否造成工量具或教学设备可修复性损坏</td><td colspan="2">□是 □否</td></tr>
<tr><td colspan="5" rowspan="2">学习效果小组评价等级：
小组评分人签名：</td><td colspan="2">□优 □良</td></tr>
<tr><td colspan="2">□ 合格 □不合格</td></tr>
</table>

续表

<table>
<tr><td>班级</td><td></td><td>姓名</td><td></td><td>学号</td><td></td><td>日期</td><td>年　月　日</td></tr>
<tr><td colspan="2">学习任务名称</td><td colspan="6"></td></tr>
<tr><td rowspan="3">教师评价</td><td colspan="4">综合评价等级：</td><td colspan="3">□优　□良
□合格　□不合格</td></tr>
<tr><td colspan="4">加分奖励</td><td colspan="3">□2 分　□5 分
□8 分　□10 分</td></tr>
<tr><td colspan="7">评语：

指导教师：</td></tr>
<tr><td>学生个人成绩评定</td><td colspan="7"></td></tr>
<tr><td>评价实施说明</td><td colspan="7">1. 在任务实施过程中未出现人身伤害事故或设备严重损坏的前提下进行评价
2. 评价方法
（1）自我评价：1～10 项中，能达到 9 项及以上要求为优，能达到 7 项及以上为良，能达到 6 项及以上为合格，低于 6 项为不合格
（2）小组评价：11～19 项中，能达到 8 项及以上要求为优，能达到 6 项及以上为良，能达到 5 项及以上为合格，低于 5 项为不合格
（3）教师综合评价：教师根据学生自我评价、小组评价以及课堂记录，对每个学生工作任务完成情况进行综合等级评价，综合评价等级与分数的对应关系为：优：90 分，良：75 分，合格：60 分，不合格：50 分
（4）学生个人成绩评定：学生个人成绩＝综合评价分＋奖励分</td></tr>
</table>

学习任务二　花样喷泉的控制

学习目标

知识目标：

1. 掌握多流程顺序控制结构的含义及分类。
2. 掌握选择性分支和选择性汇合的含义及其顺序功能图。
3. 了解多流程顺序控制结构程序设计的注意事项。

技能目标：

1. 能使用 GX – Developer 软件绘制选择流程结构的顺序功能图。
2. 能使用 GX – Developer 软件进行程序传输、SFC 图形监控。
3. 能将程序下载到 PLC 中，并根据控制要求调试程序。

建议学时

12 课时

工作情景描述

某公司接到订单，需要设计一个花样喷泉系统，现将设计任务交给设计部门，本部根据要求，确定使用顺序控制功能图完成程序设计，交付技术组完成具体程序的编写与系统安装。

具体要求：如图 3—2—1a 所示，4 号为中间喷头，3 号为内环状喷头，2 号为一次外环状喷头，1 号为外环状喷头；如图 3—2—1b 所示控制面板中，设置了花式选择开关、启动、停止、单次/连续等按钮。

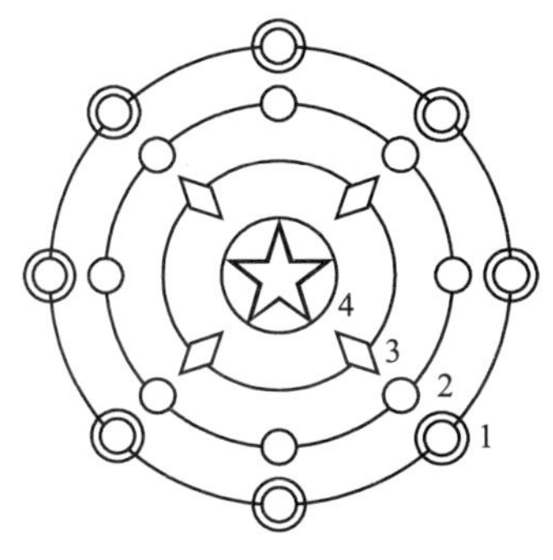

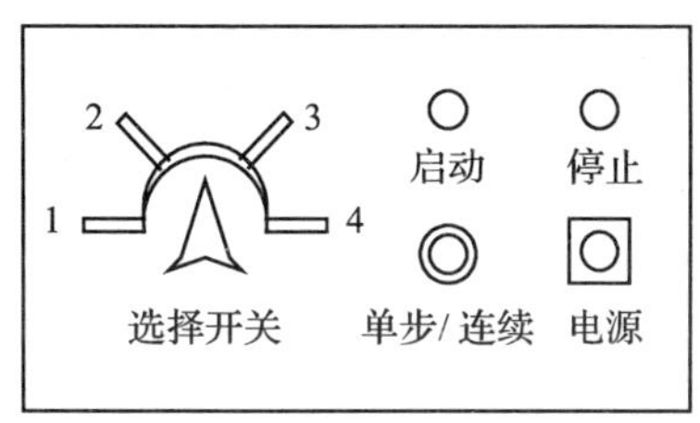

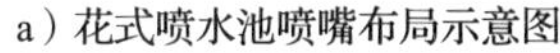
a）花式喷水池喷嘴布局示意图

b）花式喷水池控制开关面板图

图 3—2—1　花样喷泉模型

工作过程与学习活动

学习活动 1　明确工作任务

学习活动 2　工作准备

学习活动 3　工作实施

学习活动 4　总结与评价

温馨提示：在工作过程中遵守 6S 规范，严格遵守用电、消防等安全规程要求，工作完成后按照现场管理规范清理场地、归置物品。

学习活动1 明确工作任务

学习目标

1. 能根据工作任务做好学习资源准备。

2. 能通过阅读任务信息，明确工作目标。

建议学时：1 课时

学习过程

一、学习资源准备

准备《PLC 技术及应用基础教程》教材、相关 PPT 课件或视频动画、FX_{2N}使用说明书、安全操作规程等教学资源。

二、明确工作任务目标

请认真阅读本次任务的学习目标和工作情景，完成以下题目：

1. 本次任务的目标是掌握______________ 的含义及分类；掌握______________分支和选择性汇合的含义及其____________ ；

2. 本任务花样喷泉有（　　　）种模式。

A. 2　　　B. 3　　　C. 4　　　D. 5

3. 本任务花样喷泉控制开关面板设置了________ 、________、________ 、________等按钮。

4. 当花样喷泉完成一系列动作后，如果是单次工作方式，则____________ ，如果为连续工作方式，则______________。

学习活动2　工 作 准 备

学习目标

1. 能自主通过不同途径查阅相关学习资料。
2. 能完成工作页资料的填写。
3. 能制定合理的工作计划。

建议学时：2 课时

学习过程

一、查阅资料完成以下问题

1. ____________间有多个工作流程的 SFC 程序称为多流程顺序控制结构，多个工作流程间通过________ 的方式连接。

2. 根据流程分离与合并的方式不同，分支与汇合可以分为__________ 、__________ 、选择性汇合、并行汇合四种。

3. 阅读教材，画出选择性分支与选择性汇合的 SFC 图。

4. 选择性分支：根据不同的转换条件，在多个并联流程中只能__________进行工作的分离方式。

选择性汇合：由数个单流程通道通过______________转换条件，向统一的单流程进行的合并连接方式。

5. 选择性分支的SFC程序具有如下特点：

（1）选择性分支是由__________________进行选择性分离的连接，它通过不同的转换条件，选择______________工作。

（2）选择性分支的并联回路总数有一定的限制，在FX系列PLC中，最大________；在SFC程序中同时使用选择性分支与并行性分支时，并联回路总数也有一定的限制，在FX系列PLC中，最大____________。

（3）选择性分支分离的转换条件必须位于______________。

（4）选择性分支中所并联连接的单流程，其转换条件不能__________，也不能引起歧义，必要时应对转换条件__________。

（5）选择性____________在SFC程序中不能交叉，交叉应使用跳转指令进行编程。

6. 以SFC图为例说明转换条件歧义的情况，并画出更改的方法。

7. 下图画法是否正确，如果有误，请指出错误之处，并把正确的画法画出来。

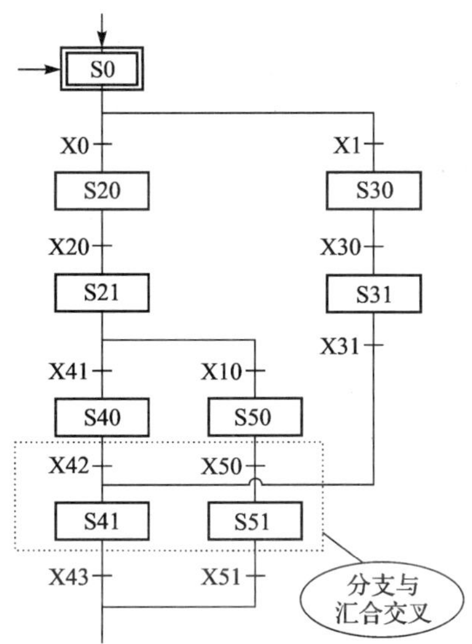

答：

8. 请说明下图中，通过哪几条路径使 S30 状态运行。

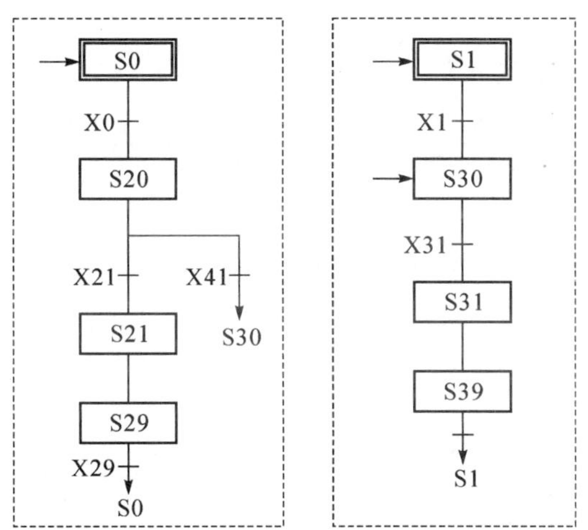

（1）先接通 S0，若 X0 得电则接通____________，若__________，则接通 S30。

（2）先接通 S1，____［参考（1）完成该空格］。

9. 请指出下面两图的错误之处，并画出正确的图。

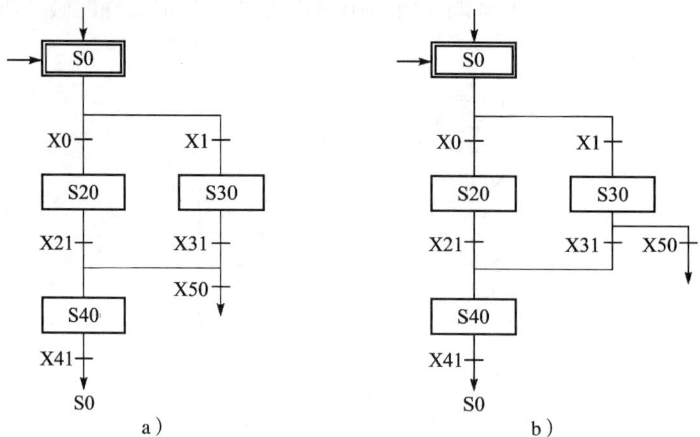

答：

二、制定工作计划

<table>
<tr><td colspan="6">“花样喷泉的控制” 工作计划</td></tr>
<tr><td>班级</td><td></td><td>小组名称</td><td></td><td>时间</td><td>年　月　日</td></tr>
<tr><td colspan="6">（一）组员分工</td></tr>
<tr><td colspan="2">组员姓名</td><td colspan="4">组员分配任务（从下面任务分工选项中进行选择）</td></tr>
<tr><td>1</td><td></td><td colspan="4"></td></tr>
<tr><td>2</td><td></td><td colspan="4"></td></tr>
<tr><td>3</td><td></td><td colspan="4"></td></tr>
<tr><td>4</td><td></td><td colspan="4"></td></tr>
<tr><td>5</td><td></td><td colspan="4"></td></tr>
<tr><td colspan="6">分工选项</td></tr>
<tr><td colspan="6">A. 组织分工
B. 设备检查与测量
C. 主电路的接线
D. 输入回路线路连接
E. 输出回路线路连接
F. PLC 程序编写与下载
G. 系统运行与调试
H. 工作过程记录
I. 工具、材料准备</td></tr>
</table>

续表

<table>
<tr><td colspan="5">分工选项</td></tr>
<tr><td>建议</td><td colspan="4">1. 按照学生以往成绩由教师进行搭配分组或学生自由组合
2. 每组组员建议 3～4 人
3. 分工选项可以根据实际需求进行增加或减少</td></tr>
<tr><td colspan="5">（二）工具材料清单</td></tr>
<tr><td>序号</td><td>工具或材料名称</td><td>型号规格</td><td>数量</td><td>备注</td></tr>
<tr><td></td><td></td><td></td><td></td><td></td></tr>
<tr><td></td><td></td><td></td><td></td><td></td></tr>
<tr><td></td><td></td><td></td><td></td><td></td></tr>
<tr><td></td><td></td><td></td><td></td><td></td></tr>
<tr><td></td><td></td><td></td><td></td><td></td></tr>
<tr><td></td><td></td><td></td><td></td><td></td></tr>
<tr><td></td><td></td><td></td><td></td><td></td></tr>
<tr><td></td><td></td><td></td><td></td><td></td></tr>
<tr><td></td><td></td><td></td><td></td><td></td></tr>
<tr><td></td><td></td><td></td><td></td><td></td></tr>
</table>

<table>
<tr><td colspan="4">（三）工序步骤安排</td></tr>
<tr><td>序号</td><td>工作内容</td><td>计划用时</td><td>备注</td></tr>
<tr><td></td><td></td><td></td><td></td></tr>
<tr><td></td><td></td><td></td><td></td></tr>
<tr><td></td><td></td><td></td><td></td></tr>
<tr><td></td><td></td><td></td><td></td></tr>
<tr><td></td><td></td><td></td><td></td></tr>
<tr><td></td><td></td><td></td><td></td></tr>
</table>

续表

（三）工序步骤安排			
（四）安全防护措施建议			

学习活动3　工 作 实 施

学习目标

1. 能根据任务工作计划，落实实施步骤。

2. 能够通过小组协作方式完成任务工作计划。

3. 能清楚任务所需指令并熟练应用相关指令。

4. 能完成本次任务的SFC图、梯形图的书写。

5. 能下载程序并进行调试，及时处理调试过程中出现的问题。

建议学时：7课时

学习过程

一、请根据任务描述分析控制要求

根据花式喷泉的控制要求进行状态分析及动作划归，判断四种模式应该将存在四条独立分支，而且是根据不同的控制条件来激发动作，这满足选择性分支的特点，初步分析得出应按以下控制流程，补充填写下面表格的空白之处。

1. 模式一状态流程分析

花式喷泉模式一状态流程分析表

喷泉模式一工作流程	状态	动作内容	转移条件
花样喷泉开关在位置1时，按下启动按钮后，4号喷头喷水，延迟2 s后，3号喷头喷水，再延	S0表示状态0	控制系统初始状态，喷头停止喷水	X0开始信号满足，并且模式开关放置在1挡，X4闭合，则状态转至S20步

续表

喷泉模式一工作流程	状态	动作内容	转移条件
迟 2 s 后，2 号喷头喷水，又延迟 2 s 后，1 号喷头喷水。18 s 后所有喷头停止喷水，如果为单次工作方式，则停下来。如果为连续工作方式，则继续循环下去	S20 表示状态 1		延时 2 s 的定时信号满足转至 S21 步
	S21 表示状态 2	3 号喷头开始喷水	
	S22 表示状态 3		

2. 模式二状态流程分析

花式喷泉模式二状态流程分析表

喷泉模式二工作流程	状态	动作内容	转移条件
花样选择开关在位置 2 时，按下启动按钮后，1 号喷头喷水，延迟 2 s 后，2 号喷头喷水，再延迟 2 s 后，3 号喷头喷水，又延迟 2 s 后，4 号喷头喷水。30 s 后所有喷头停止喷水，如果为单次工作方式，则停下来。如果为连续工作方式，则继续循环下去	S0 表示状态 0	控制系统初始状态，喷头停止喷水	X0 开始信号满足，并且模式开关放置在 2 挡，X5 闭合，则状态转至 S30 步

3．模式三状态流程分析

花式喷泉模式三状态流程分析表

<table>
<tr><th>喷泉模式三工作流程</th><th>状态</th><th>动作内容</th><th>转移条件</th></tr>
<tr><td rowspan="8">花样选择开关在位置 3 时，按下启动按钮后，1 号、3 号喷头同时喷水，延迟 3 s 后，2 号、4 号喷头同时喷水，1 号、3 号喷头停止喷水。如此交替运行 15 s 后，4 组喷头全喷水，30 s 后所有喷头停止喷水，如果为单次工作方式，则停下来。如果为连续工作方式，则继续循环下去</td><td>S0 表示状态 0</td><td>控制系统初始状态，喷头停止喷水</td><td></td></tr>
<tr><td>S40 表示状态 11</td><td></td><td></td></tr>
<tr><td>S41 表示状态 12</td><td></td><td></td></tr>
<tr><td>S42 表示状态 13</td><td></td><td></td></tr>
<tr><td></td><td></td><td></td></tr>
<tr><td></td><td></td><td></td></tr>
<tr><td></td><td></td><td></td></tr>
<tr><td></td><td></td><td></td></tr>
</table>

4．模式四状态流程分析

花式喷泉模式四状态流程分析表

<table>
<tr><th>喷泉模式四工作流程</th><th>状态</th><th>动作内容</th><th>转移条件</th></tr>
<tr><td rowspan="4">花样选择开关在位置 4 时，按下启动按钮后，按照 1－2－3－4 的顺序，依次间隔 2 s 喷水，然后一起喷水。30 s 后，按照</td><td>S0 表示状态 0</td><td>控制系统初始状态，喷头停止喷水</td><td>X0 开始信号满足，并且模式开关放置在 4 挡，X7 闭合，则状态转至 S50 步</td></tr>
<tr><td>S50 表示状态 18</td><td></td><td></td></tr>
<tr><td>S51 表示状态 19</td><td></td><td></td></tr>
<tr><td>S52 表示状态 20</td><td></td><td></td></tr>
</table>

续表

<table>
<tr><th>喷泉模式四工作流程</th><th>状态</th><th>动作内容</th><th>转移条件</th></tr>
<tr><td rowspan="6">1－2－3－4 的顺序，分别延迟 2 s，依次停止喷水。全部停止后再经过 1 s，如果为单次工作方式，则停下来。如果为连续工作方式，则继续循环下去</td><td>S53 表示状态 21</td><td></td><td></td></tr>
<tr><td>S54 表示状态 22</td><td></td><td></td></tr>
<tr><td>S55 表示状态 23</td><td></td><td></td></tr>
<tr><td>S56 表示状态 24</td><td></td><td></td></tr>
<tr><td>S57 表示状态 25</td><td></td><td></td></tr>
<tr><td>S58 表示状态 26</td><td></td><td></td></tr>
</table>

二、根据花样喷泉控制要求填写输入、输出点分配表

“花样喷泉的控制” 输入点与输出点分配表

<table>
<tr><th colspan="2">输入设备</th><th>输入点编号</th><th colspan="2">输出设备</th><th>输出点编号</th></tr>
<tr><td>1</td><td></td><td></td><td>1</td><td></td><td></td></tr>
<tr><td>2</td><td></td><td></td><td>2</td><td></td><td></td></tr>
<tr><td>3</td><td></td><td></td><td>3</td><td></td><td></td></tr>
<tr><td>4</td><td></td><td></td><td>4</td><td></td><td></td></tr>
<tr><td>5</td><td></td><td></td><td>5</td><td></td><td></td></tr>
<tr><td>6</td><td></td><td></td><td>6</td><td></td><td></td></tr>
<tr><td>7</td><td></td><td></td><td>7</td><td></td><td></td></tr>
<tr><td>8</td><td></td><td></td><td>8</td><td></td><td></td></tr>
</table>

三、按控制要求画出本任务的 PLC 外部接线图

四、根据控制要求完成花样喷泉顺序功能图的绘制

五、程序编辑与下载

请根据《PLC 技术及应用基础教程》“项目三任务一”中“七、程序输入”的步骤，把你编写的程序下载至 PLC，并且完成 PLC 的接线。

六、通电调试

为保证人身安全，在通电调试时，要认真执行安全操作规程的有关规定，经老师检查并现场监护。

接通电源按下启动按钮，观察系统运行情况是否正常，并把调试过程记录到下列表格中。

系统调试过程记录表

操作者动作	动作改变的条件或节点	各负载情况（得电或失电）	分析出错原因（没错不填）
按下启动按钮			

七、整理与提高

1. 请记录本次程序编辑和下载中出现的错误及解决方法：

2．本次调试程序时，你认为有哪些是需要特别注意的？

学习活动4 总结与评价

学习目标

1. 能以小组形式，对学习过程和实训成果进行汇报总结。

2. 能客观公正地对任务完成情况进行自评、组评。

建议学时：2课时

学习过程

一、工作总结

1. 撰写个人工作小结

任务工作小结

班级		任务名称		撰写人		学号	

续表

班级		任务名称		撰写人		学号	
(可以附页)							

2. 成果展示与汇报

以小组为单位，选择演示文稿、展板、录像、演讲等形式中的一种或几种，向全班展示、汇报学习成果。

二、综合评价

评价表

班级		姓名		学号		日期	年 月 日
学习任务名称							
自我评价	1	6S 管理				□符合	□不符合
	2	能准时上、下课				□符合	□不符合
	3	着装符合职业规范				□符合	□不符合
	4	能独立完成工作页填写				□能	□不能
	5	利用教材、课件和网络资源等查找有效信息				□能	□不能
	6	能正确使用工具及设备				□能	□不能
	7	能制定合理的任务实施计划及人员分工				□能	□不能
	8	工作过程中材料工具能摆放整齐				□能	□不能
	9	工作过程中自觉遵守安全用电规范				□能	□不能
	10	工作完成后自觉整理、清理工位				□能	□不能
	学习效果自我评价等级： 自我评价人签名：					□优 □合格	□良 □不合格
小组评价	11	能在小组内积极发言，出谋划策				□能	□不能
	12	能积极配合小组成员完成工作任务				□优 □合格	□良 □不合格
	13	能积极完成所分配的工作任务				□优 □合格	□良 □不合格
	14	能清晰表达自己的观点				□能	□不能
	15	具有安全、规范和环保意识				□能	□不能
	16	遵守课堂纪律，不做与课程无关的事				□能	□不能
	17	爱护公共财物，自觉维护教学设备的完好性				□能	□不能
	18	能撰写个人任务学习小结				□优 □合格	□良 □不合格
	19	是否造成工量具或教学设备可修复性损坏				□是	□否
	学习效果小组评价等级： 小组评分人签名：					□优 □合格	□良 □不合格

续表

<table>
<tr><td>班级</td><td></td><td>姓名</td><td></td><td>学号</td><td></td><td>日期</td><td>年　月　日</td></tr>
<tr><td colspan="2">学习任务名称</td><td colspan="6"></td></tr>
<tr><td rowspan="3">教师
评价</td><td colspan="4">综合评价等级：</td><td colspan="3">□优　□良
□合格　□不合格</td></tr>
<tr><td colspan="4">加分奖励</td><td colspan="3">□2 分　□5 分
□8 分　□10 分</td></tr>
<tr><td colspan="7">评语：

指导教师：</td></tr>
<tr><td>学生个人
成绩评定</td><td colspan="7"></td></tr>
<tr><td>评价
实施
说明</td><td colspan="7">1. 在任务实施过程中未出现人身伤害事故或设备严重损坏的前提下进行评价
2. 评价方法
（1）自我评价：1～10 项中，能达到 9 项及以上要求为优，能达到 7 项及以上为良，能达到 6 项及以上为合格，低于 6 项为不合格
（2）小组评价：11～19 项中，能达到 8 项及以上要求为优，能达到 6 项及以上为良，能达到 5 项及以上为合格，低于 5 项为不合格
（3）教师综合评价：教师根据学生自我评价、小组评价以及课堂记录，对每个学生工作任务完成情况进行综合等级评价，综合评价等级与分数的对应关系为：优：90 分，良：75 分，合格：60 分，不合格：50 分
（4）学生个人成绩评定：学生个人成绩＝综合评价分＋奖励分</td></tr>
</table>

学习任务三　双面组合钻床的控制

学习目标

知识目标：

1. 掌握多流程顺序控制结构的含义及分类。
2. 掌握并行性分支和并行性汇合的含义及其顺序功能图 SFC。
3. 了解多流程顺序控制结构程序设计的注意事项。

技能目标：

1. 能使用 GX – Developer 软件绘制选择流程结构的顺序功能图 SFC。
2. 能使用 GX – Developer 软件进行程序传输、SFC 图形监控。
3. 能将程序下载到 PLC 中，并根据控制要求调试程序。

建议学时

12 课时

工作情景描述

某公司接到订单，需要设计双面组合钻床控制系统，现将设计任务交给设计部门，本部根据要求，确定使用顺序控制功能图完成程序设计，交付技术组完成具体程序的编写和系统安装。

如图 3—3—1 所示，双面组合钻床是一种钻削较厚工件的加工钻床，加工要求双面同时钻削，并同轴钻孔，加工精度要求高。采用可编程控制器后，不仅可以提高控制系统的可靠性，降低运行故障率，而且改变程序即可实现不同工件的加工钻削工艺要求，充分发挥组合钻床的多种加工功能。

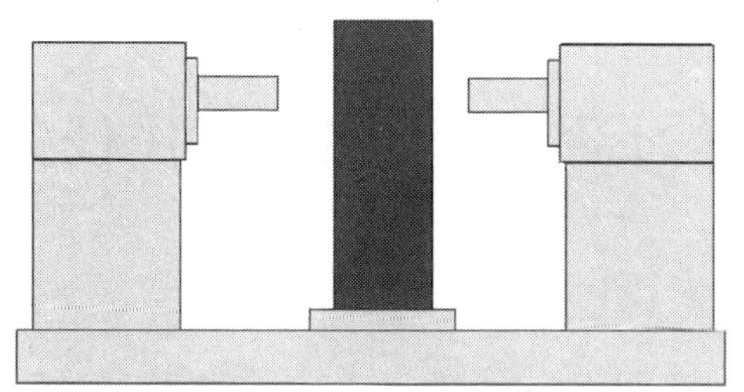

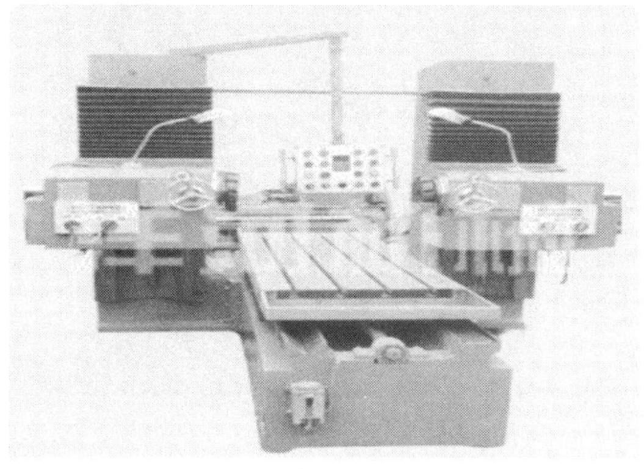

图 3—3—1　双面组合钻床

工作过程与学习活动

学习活动 1　明确工作任务

学习活动 2　工作准备

学习活动 3　工作实施

学习活动 4　总结与评价

温馨提示：在工作过程中遵守 6S 规范，严格遵守用电、消防等安全规程要求，工作完成后按照现场管理规范清理场地、归置物品。

学习活动1 明确工作任务

学习目标

1．能根据工作任务做好学习资源准备。

2．能通过阅读任务信息，明确工作目标。

建议学时：1课时

学习过程

一、学习资源准备

准备《PLC技术及应用基础教程》教材、相关PPT课件或视频动画、FX_{2N}使用说明书、安全操作规程等教学资源。

二、明确工作任务目标

请认真阅读本次任务的学习目标和工作情景，完成以下题目：

1．本次任务的目标是掌握______________的含义及分类；掌握______________分支和选择性汇合的含义及其____________。

2．双面组合钻床在工作时，工件装入____________装置，按下启动按钮，工件开始定位和夹紧，然后____________的动力滑台同时进行____________________的加工循环，在这同时，刀具______________也启动工作，切削液泵在____________过程中提供切削液。加工结束后，动力滑台______________，________________松开并拔出定位销，一次加工的工作循环结束。

学习活动2　工 作 准 备

学习目标

1. 能自主通过不同途径查阅相关学习资料。
2. 能完成工作页资料的填写。
3. 能制定合理的工作计划。

建议学时：2 课时

学习过程

一、查阅资料完成以下问题

1. 参考教材，画出并行性分支结构的 SFC 图。

2. 并行性分支是单流程向__________并联流程通道进行分离的连接形式，相并联的流程转换条件__________，所有并联的流程通道__________进入工作状态。

3. 并行性分支的并联回路数有一定的限制，在三菱 FX 系列 PLC 中，最大并联支路数为____；在 SFC 程序中同时使用并行分支与选择性分支时，并联回路总数也有一定的限制，在三菱 FX 系列 PLC 中，最大并联支路数为________ 。

4．指出下面 3 个 SFC 图的错误，并画出正确的图。

（1）________

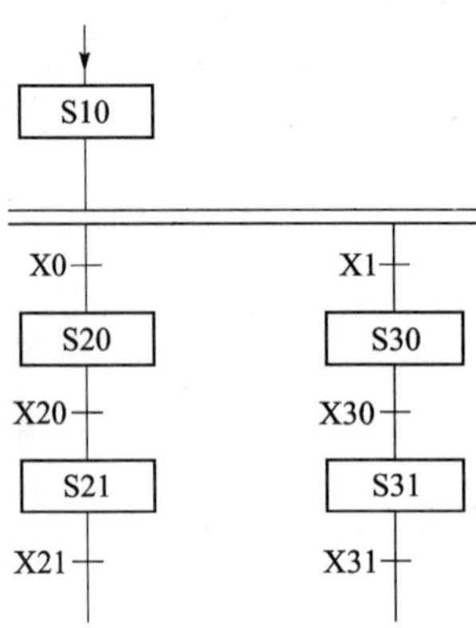

（2）________

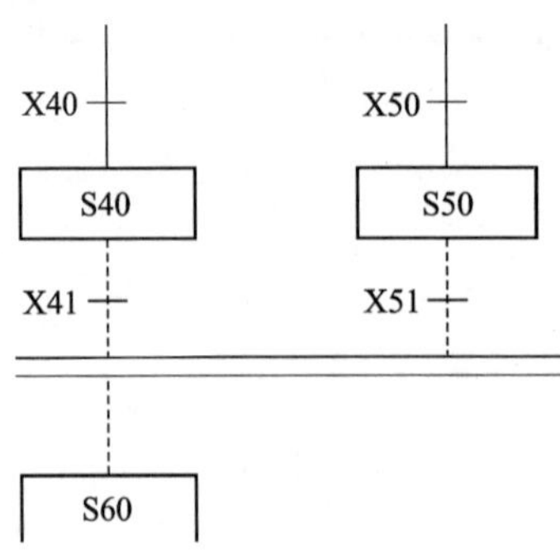

（3）________

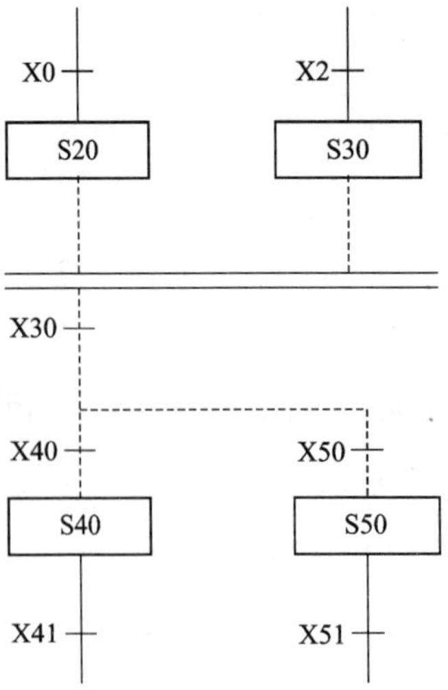

二、制定工作计划

<table>
<tr><td colspan="6">“双面组合钻床的控制”工作计划</td></tr>
<tr><td>班级</td><td></td><td>小组名称</td><td></td><td>时间</td><td>年　月　日</td></tr>
<tr><td colspan="6">（一）组员分工</td></tr>
<tr><td colspan="2">组员姓名</td><td colspan="4">组员分配任务（从下面任务分工选项中进行选择）</td></tr>
<tr><td>1</td><td></td><td colspan="4"></td></tr>
<tr><td>2</td><td></td><td colspan="4"></td></tr>
<tr><td>3</td><td></td><td colspan="4"></td></tr>
<tr><td>4</td><td></td><td colspan="4"></td></tr>
<tr><td>5</td><td></td><td colspan="4"></td></tr>
<tr><td colspan="6">分工选项</td></tr>
<tr><td colspan="6">A. 组织分工
B. 设备检查与测量
C. 主电路的接线
D. 输入回路线路连接
E. 输出回路线路连接
F. PLC 程序编写与下载
G. 系统运行与调试
H. 工作过程记录
I. 工具、材料准备</td></tr>
<tr><td colspan="2">建议</td><td colspan="4">1. 按照学生以往成绩由教师进行搭配分组或学生自由组合
2. 每组组员建议 3～4 人
3. 分工选项可以根据实际需求进行增加或减少</td></tr>
</table>

<table>
<tr><td colspan="5">（二）工具材料清单</td></tr>
<tr><td>序号</td><td>工具或材料名称</td><td>型号规格</td><td>数量</td><td>备注</td></tr>
<tr><td></td><td></td><td></td><td></td><td></td></tr>
<tr><td></td><td></td><td></td><td></td><td></td></tr>
<tr><td></td><td></td><td></td><td></td><td></td></tr>
</table>

续表

（二）工具材料清单

序号	工具或材料名称	型号规格	数量	备注

（三）工序步骤安排

序号	工作内容	计划用时	备注

（四）安全防护措施建议

学习活动3　工 作 实 施

学习目标

1. 能根据任务工作计划，落实实施步骤。

2. 能够通过小组协作方式完成任务工作计划。

3. 能清楚任务所需指令并熟练应用相关指令。

4. 能完成本次任务的SFC图、梯形图的书写。

5. 能下载程序并进行调试，及时处理调试过程中出现问题。

建议学时：7课时

学习过程

一、请根据任务描述分析控制要求

1. 双面组合钻床工作过程示意图如下，若电磁阀得电用“+”号表示，请根据电磁阀线圈动作状态填写下表。

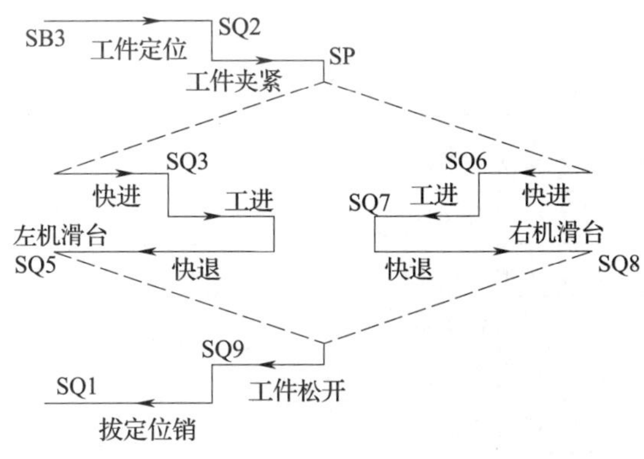

"双面钻床"电磁阀动作状态表

工作名称	夹紧		左机滑台			右机滑台			定位		转换指令
电磁阀	YV1	YV2	YV3	YV4	YV7	YV5	YV6	YV8	YV9	YV10	
工件定位											SB
工件夹紧											SQ2
滑台快进											SP
滑台工进											SQ3、SQ6
滑台快退											SQ4、SQ7
松开工件											SQ5、SQ8
拔定位销											SQ9
停止											SQ1

2．双面组合钻床共有四台电动机，请画出电动机主电路，并说明各电机的作用。

3．根据任务要求，填写下面表格。

双面组合钻床状态流程分析表

状态	动作内容	转移条件
S0 表示状态 0	控制系统初始状态	X4 信号满足，则状态转至 S20 步
S20 表示状态 1	工件定位	工件定位完毕，X6 信号满足，转至 S21 步
S21 表示状态 2	工件夹紧	
S22 表示状态 3	左机滑台快进	
S23 表示状态 4	左机滑台工进	
S24 表示状态 5	左机滑台快退	
S25 表示状态 6	右机滑台快进	
S26 表示状态 7	右机滑台工进	
S27 表示状态 8	右机滑台快退	
S28 表示状态 9	松开工件	
S29 表示状态 10	拔定位销	

二、根据双面组合钻床控制要求填写输入、输出点分配表

"双面组合钻床的控制"输入点与输出点分配表

输入设备		输入点编号	输出设备		输出点编号
1			1		
2			2		
3			3		
4			4		
5			5		
6			6		
7			7		
8			8		
9			9		
10			10		
11			11		
12			12		
13			13		
14			14		
15			15		

三、按控制要求画出本任务的 PLC 外部接线图

四、根据控制要求完成双面组合钻床顺序功能图的绘制

五、程序编辑与下载

请根据《PLC 技术及应用基础教程》“项目三任务一”中“七、程序输入”的步骤，把你编写的程序下载至 PLC，并且完成 PLC 的接线。

六、通电调试

为保证人身安全，在通电调试时，要认真执行安全操作规程的有关规定，经老师检查并现场监护。

接通电源按下启动按钮，观察系统运行情况是否正常，并填写下面调试过程记录表。

系统调试过程记录表

操作者动作	动作改变的条件或节点	各负载情况（得电或失电）	分析出错原因（没错不填）
按下启动按钮			

七、整理与提高

1. 请记录本次程序编辑和下载中出现的错误及解决方法：

2. 本次调试程序时，你认为有哪些是需要特别注意的？

学习活动4 总结与评价

学习目标

1. 能以小组形式，对学习过程和实训成果进行汇报总结。

2. 能客观公正地对任务完成情况进行自评、组评。

建议学时：2课时

学习过程

一、工作总结

1. 撰写个人工作小结

任务工作小结

班级		任务名称		撰写人		学号	

续表

班级		任务名称		撰写人		学号	
（可以附页）							

2. 成果展示与汇报

以小组为单位，选择演示文稿、展板、录像、演讲等形式中的一种或几种，向全班展示、汇报学习成果。

二、综合评价

评价表

班级		姓名		学号		日期	年 月 日
学习任务名称							
自我评价	1	6S 管理				□符合 □不符合	
	2	能准时上、下课				□符合 □不符合	
	3	着装符合职业规范				□符合 □不符合	
	4	能独立完成工作页填写				□能 □不能	
	5	利用教材、课件和网络资源等查找有效信息				□能 □不能	
	6	能正确使用工具及设备				□能 □不能	
	7	能制定合理的任务实施计划及人员分工				□能 □不能	
	8	工作过程中材料工具能摆放整齐				□能 □不能	
	9	工作过程中自觉遵守安全用电规范				□能 □不能	
	10	工作完成后自觉整理、清理工位				□能 □不能	
	学习效果自我评价等级： 自我评价人签名：					□优 □良 □合格 □不合格	
小组评价	11	能在小组内积极发言，出谋划策				□能 □不能	
	12	能积极配合小组成员完成工作任务				□优 □良 □合格 □不合格	
	13	能积极完成所分配的工作任务				□优 □良 □合格 □不合格	
	14	能清晰表达自己的观点				□能 □不能	
	15	具有安全、规范和环保意识				□能 □不能	
	16	遵守课堂纪律，不做与课程无关的事				□能 □不能	
	17	爱护公共财物，自觉维护教学设备的完好性				□能 □不能	
	18	能撰写个人任务学习小结				□优 □良 □合格 □不合格	
	19	是否造成工量具或教学设备可修复性损坏				□是 □否	
	学习效果小组评价等级： 小组评分人签名：					□优 □良 □合格 □不合格	

续表

<table>
<tr><td>班级</td><td></td><td>姓名</td><td></td><td>学号</td><td></td><td>日期</td><td>年　　月　　日</td></tr>
<tr><td colspan="2">学习任务名称</td><td colspan="6"></td></tr>
<tr><td rowspan="3">教师
评价</td><td colspan="4">综合评价等级：</td><td colspan="3">□优　　□良
□合格　　□不合格</td></tr>
<tr><td colspan="4">加分奖励</td><td colspan="3">□2 分　　□5 分
□8 分　　□10 分</td></tr>
<tr><td colspan="7">评语：

指导教师：</td></tr>
<tr><td>学生个人
成绩评定</td><td colspan="7"></td></tr>
<tr><td>评价
实施
说明</td><td colspan="7">1. 在任务实施过程中未出现人身伤害事故或设备严重损坏的前提下进行评价
2. 评价方法
（1）自我评价：1～10 项中，能达到 9 项及以上要求为优，能达到 7 项及以上为良，能达到 6 项及以上为合格，低于 6 项为不合格
（2）小组评价：11～19 项中，能达到 8 项及以上要求为优，能达到 6 项及以上为良，能达到 5 项及以上为合格，低于 5 项为不合格
（3）教师综合评价：教师根据学生自我评价、小组评价以及课堂记录，对每个学生工作任务完成情况进行综合等级评价，综合评价等级与分数的对应关系为：优：90 分，良：75 分，合格：60 分，不合格：50 分
（4）学生个人成绩评定：学生个人成绩 = 综合评价分 + 奖励分</td></tr>
</table>

项目四　PLC 功能指令与应用

学习任务一　三相电动机星—三角降压启动控制

学习目标

知识目标：

1. 掌握功能指令的基本知识。
2. 了解数据寄存器 D 的存储方式及类型。
3. 了解位元件、字元件、组合位字元件。
4. 了解区间复位指令的相关知识。
5. 掌握传送指令的含义、指令格式及应用。

技能目标：

1. 能根据控制要求，熟练做出 PLC 的 I/O 分配表和接线图。
2. 会根据三相异步电动机控制方式，利用传送指令编写 PLC 控制程序。
3. 能将程序下载到 PLC 中，并根据控制要求，调试好程序。

建议学时

8 课时

工作情景描述

某工厂有一台三相异步电动机，需要采用星—三角降压启动控制，转换时间为 10 s，因系统需要，现要求使用传送指令编写其控制程序，该任务交由本技术组完成。

如图 4—1—1 所示，当按下启动按钮时三相异步电动机降压起动，KM 与 KM_Y得电，延时 10 s 后转为三角形工作，KM 与 $KM_\triangle$得电；当按下停止按钮时三相异步电动机停止运行。

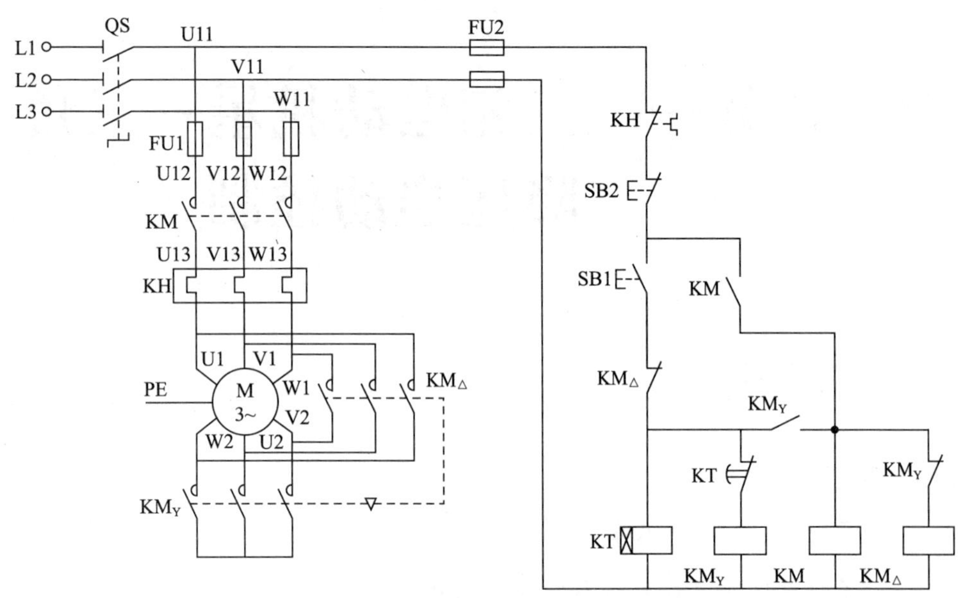

图 4—1—1 星—三角降压启动电气原理图

工作过程与学习活动

学习活动 1 明确工作任务

学习活动 2 工作准备

学习活动 3 工作实施

学习活动 4 总结与评价

温馨提示：在工作过程中遵守 6S 规范，严格遵守用电、消防等安全规程要求，工作完成后按照现场管理规范清理场地、归置物品。

学习活动1　明确工作任务

学习目标

1. 能根据工作任务做好学习资源准备。
2. 能通过阅读任务信息，明确工作目标。

建议学时：0.5 课时

学习过程

一、学习资源准备

准备《PLC 技术及应用基础教程》教材、相关 PPT 课件或视频动画、FX_{2N}使用说明书、安全操作规程等教学资源。

二、明确工作任务目标

请认真阅读本次任务的学习目标和工作情景，完成以下题目：

1. 下面（　　）不是本次任务的知识目标。

A. 掌握功能指令的基本知识

B. 了解数据寄存器 D 的存储方式及类型

C. 掌握定时器和计数器的使用方法

D. 了解区间复位指令的相关知识

E. 掌握传送指令的含义、指令格式及应用

F. 了解位元件、字元件、组合位字元件

2. 本任务中，按下启动按钮，____________得电，电动机____________。经过一段时间后，____________得电，电动机____________；按下停止按钮，电动机____________。

学习活动2 工 作 准 备

学习目标

1. 能自主通过不同途径查阅相关学习资料。
2. 能完成工作页资料的填写。
3. 能制定合理的工作计划。

建议学时：1.5 课时

学习过程

一、查阅资料完成以下问题

1. 与基本指令不同的是，功能指令不含表达梯形图符号间相互关系的成分，而是____________________。

2. 三菱 FX 系列 PLC 的每一条功能指令都对应一个功能指令编号，用______________表示，各指令都有相应的助记符表示其功能意义。例如，功能指令编号 FNC12，其对应的指令助记符为____________，对应的指令含义为__________。功能指令编号和助记符是一一对应的。

3. 请说明标注①~⑤的含义。

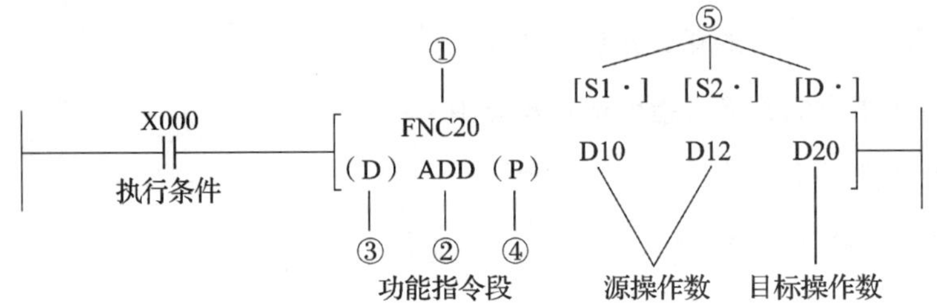

4. 源操作数：执行指令后__________操作数，用 S 表示。在一条指令中，若源操作数不止 1 个时，可用______________表示。

目标操作数：执行指令后数据____________操作数，用 D 表示。在一条指令中，若目标操作数不止 1 个时，可用________________表示。

其他操作数 m、n：______________，用 K 表示__________或用 H 表示____________，若其他操作数不止 1 个时，可用 m1、m2、n1、n2、…表示。

5. 位元件：处理开关量（即只有___________________两种状态）的软元件称为位元件。常用的位元件有__________________________。例如，X0、Y5、M100 和 S20 等都是位元件。

字元件：处理________________的软元件称为字元件。常用的字元件有____________________________。例如，T200、C12、D8000、V5、Z3 等都是字元件。

多个位元件按一定规律的组合称为__________________。位元件的组合由__________加首元件来表示，每__________个位元件为一组，组合成一个单元，n 最小为__________，最大为__________。如 KnM0 中，n 为单元组数，M0 为由位元件组合构成字元件的首元件编号。

K2M0 表示由____________组成的 8 位字元件，最低位是______，最高位是______，即表示 M7M6M5M4M3M2M1M0 这 8 位位元件依次组成的__________数据。

KnY0 的全部组合及适用范围

<table>
<tr><th>n 取值</th><th>适用范围</th><th>KnY0</th><th>包含的位元件（最高位～最低位）</th><th>位元件个数</th><th>数值</th></tr>
<tr><td rowspan="4">1～4</td><td rowspan="4">16 位指令</td><td>K1Y0</td><td>Y3～Y0</td><td>4</td><td rowspan="3">正数</td></tr>
<tr><td>K2Y0</td><td></td><td></td></tr>
<tr><td></td><td>Y13～Y0</td><td>12</td></tr>
<tr><td></td><td>Y17～Y0</td><td></td><td rowspan="5">正负数不定</td></tr>
<tr><td rowspan="4"></td><td rowspan="4">32 位指令</td><td>K5Y0</td><td>Y23～Y0</td><td></td></tr>
<tr><td></td><td>Y27～Y0</td><td></td></tr>
<tr><td>K7Y0</td><td></td><td></td></tr>
<tr><td></td><td>Y37～Y0</td><td></td></tr>
</table>

6．如下图中，区间复位指令 ZRST 的功能是________________。

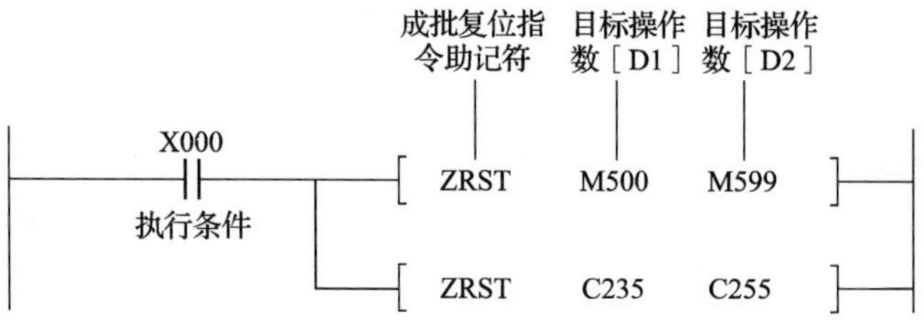

7．下面的传送指令功能是________________________________。

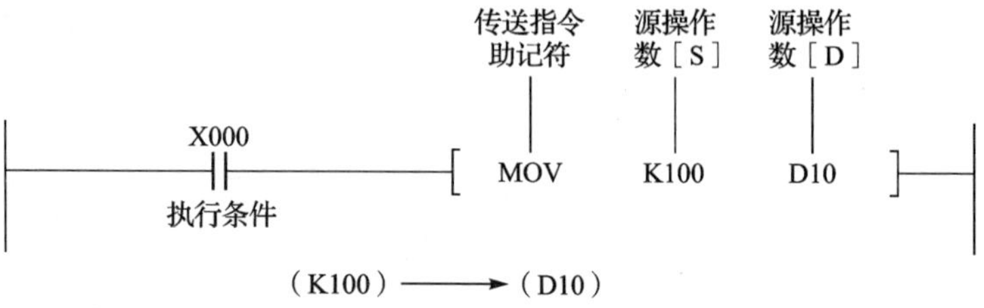

8．请写出下面梯形图中，若 D10＝K100 时，被控制的元件各是什么状态。

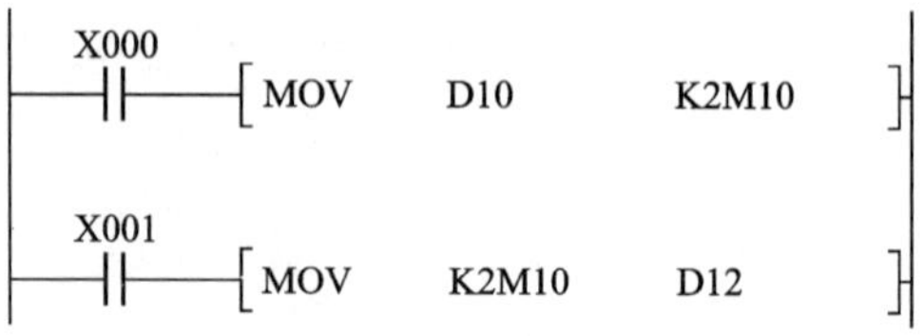

二、制定工作计划

"三相电动机星—三角降压启动控制"工作计划					
班级		小组名称		时间	年 月 日
（一）组员分工					
组员姓名		组员分配任务（从下面任务分工选项中进行选择）			
1					
2					
3					
4					
5					

续表

<table>
<tr><td colspan="5">分工选项</td></tr>
<tr><td colspan="5">A. 组织分工
B. 设备检查与测量
C. 主电路的接线
D. 输入回路线路连接
E. 输出回路线路连接
F. PLC 程序编写与下载
G. 系统运行与调试
H. 工作过程记录
I. 工具、材料准备</td></tr>
<tr><td colspan="2">建议</td><td colspan="3">1. 按照学生以往成绩由教师进行搭配分组或学生自由组合
2. 每组组员建议 3 ~ 4 人
3. 分工选项可以根据实际需求进行增加或减少</td></tr>
<tr><td colspan="5">（二）工具材料清单</td></tr>
<tr><td>序号</td><td>工具或材料名称</td><td>型号规格</td><td>数量</td><td>备注</td></tr>
<tr><td></td><td></td><td></td><td></td><td></td></tr>
<tr><td></td><td></td><td></td><td></td><td></td></tr>
<tr><td></td><td></td><td></td><td></td><td></td></tr>
<tr><td></td><td></td><td></td><td></td><td></td></tr>
<tr><td></td><td></td><td></td><td></td><td></td></tr>
<tr><td></td><td></td><td></td><td></td><td></td></tr>
<tr><td></td><td></td><td></td><td></td><td></td></tr>
<tr><td></td><td></td><td></td><td></td><td></td></tr>
<tr><td></td><td></td><td></td><td></td><td></td></tr>
<tr><td></td><td></td><td></td><td></td><td></td></tr>
</table>

续表

（三）工序步骤安排			
序号	工作内容	计划用时	备注
（四）安全防护措施建议			

学习活动3　工 作 实 施

学习目标

1. 能根据任务工作计划，落实实施步骤。
2. 能够通过小组协作方式完成任务工作计划。
3. 能清楚任务所需指令并熟练应用相关指令。
4. 能够完成本次任务的接线图、梯形图、指令表。
5. 能下载程序并进行调试，及时处理调试过程中出现的问题。

建议学时：4 课时

学习过程

一、请根据任务描述分析控制要求

当按下启动按钮时，三相异步电动机降压起动，______________得电，延时 10 s 后转为三角形工作________________得电；当按下停止按钮时三相异步电动机停止运行。

二、根据控制要求填写输入、输出点分配表

“星—三角减压启动控制”输入点与输出点分配表

输入设备		输入点编号	输出设备		输出点编号
1			1		
2			2		
3			3		
4			4		
5			5		
6			6		

三、按控制要求画出本任务的 PLC 外部接线图

四、根据控制要求完成梯形图程序的编写

1．设计思路

根据星—三角控制线路的功能特点，分析出各动作控制流程及相应的控制指令，另外，考虑到主触点同时接通而产生电弧，KM_Y和$KM_\triangle$切换时加多 1 s 延时，以避免上述现象。请根据要求填写下表的动作流程。

动作流程

操作元件	状态	输入端口	输出端口/负载				传送数据
			Y3	Y2	Y1	Y0	
SB2	Y 形启动 T0 延时 10 s	X2	0	1	1	1	
	T0 延到 T1 延时 1 s						
	T1 延时到 △形运转						
SB1	停止						
KH	过载保护						

2. 程序设计

五、程序编辑与下载

请根据《PLC 技术及应用基础教程》或者自行分析控制要求，设计好程序，把你编写的程序下载至 PLC，并且完成 PLC 的接线。

六、通电调试

为保证人身安全，在通电调试时，要认真执行安全操作规程的有关规定，经老师检查并现场监护。

接通电源按下启动按钮，观察系统运行情况是否正常，并填写调试过程记录表

系统调试过程记录表

操作者动作	动作改变的条件或节点	各负载情况（得电或失电）	分析出错原因（没错不填）
按下启动按钮			

七、整理与提高

1. 请记录本次程序编辑和下载中出现的错误及解决方法：

2. 本次调试程序时，你认为有哪些是需要特别注意的？

学习活动 4　总结与评价

学习目标

1．能以小组形式，对学习过程和实训成果进行汇报总结。

2．能客观公正地对任务完成情况进行自评、组评。

建议学时：2 课时

学习过程

一、工作总结

1．撰写个人工作小结

任务工作小结

班级		任务名称		撰写人		学号	

续表

班级		任务名称		撰写人		学号	
（可以附页）							

2．成果展示与汇报

以小组为单位，选择演示文稿、展板、录像、演讲等形式中的一种或几种，向全班展示、汇报学习成果。

二、综合评价

评价表

<table>
<tr><td>班级</td><td></td><td>姓名</td><td></td><td>学号</td><td></td><td>日期</td><td>年　月　日</td></tr>
<tr><td colspan="2">学习任务名称</td><td colspan="6"></td></tr>
<tr><td rowspan="11">自我评价</td><td>1</td><td colspan="4">6S 管理</td><td colspan="2">□符合　□不符合</td></tr>
<tr><td>2</td><td colspan="4">能准时上、下课</td><td colspan="2">□符合　□不符合</td></tr>
<tr><td>3</td><td colspan="4">着装符合职业规范</td><td colspan="2">□符合　□不符合</td></tr>
<tr><td>4</td><td colspan="4">能独立完成工作页填写</td><td colspan="2">□能　□不能</td></tr>
<tr><td>5</td><td colspan="4">利用教材、课件和网络资源等查找有效信息</td><td colspan="2">□能　□不能</td></tr>
<tr><td>6</td><td colspan="4">能正确使用工具及设备</td><td colspan="2">□能　□不能</td></tr>
<tr><td>7</td><td colspan="4">能制定合理的任务实施计划及人员分工</td><td colspan="2">□能　□不能</td></tr>
<tr><td>8</td><td colspan="4">工作过程中材料工具能摆放整齐</td><td colspan="2">□能　□不能</td></tr>
<tr><td>9</td><td colspan="4">工作过程中自觉遵守安全用电规范</td><td colspan="2">□能　□不能</td></tr>
<tr><td>10</td><td colspan="4">工作完成后自觉整理、清理工位</td><td colspan="2">□能　□不能</td></tr>
<tr><td colspan="5">学习效果自我评价等级：
自我评价人签名：</td><td colspan="2">□优　□良
□合格　□不合格</td></tr>
<tr><td rowspan="10">小组评价</td><td>11</td><td colspan="4">能在小组内积极发言，出谋划策</td><td colspan="2">□能　□不能</td></tr>
<tr><td>12</td><td colspan="4">能积极配合小组成员完成工作任务</td><td colspan="2">□优　□良
□合格　□不合格</td></tr>
<tr><td>13</td><td colspan="4">能积极完成所分配的工作任务</td><td colspan="2">□优　□良
□合格　□不合格</td></tr>
<tr><td>14</td><td colspan="4">能清晰表达自己的观点</td><td colspan="2">□能　□不能</td></tr>
<tr><td>15</td><td colspan="4">具有安全、规范和环保意识</td><td colspan="2">□能　□不能</td></tr>
<tr><td>16</td><td colspan="4">遵守课堂纪律，不做与课程无关的事</td><td colspan="2">□能　□不能</td></tr>
<tr><td>17</td><td colspan="4">爱护公共财物，自觉维护教学设备的完好性</td><td colspan="2">□能　□不能</td></tr>
<tr><td>18</td><td colspan="4">能撰写个人任务学习小结</td><td colspan="2">□优　□良
□合格　□不合格</td></tr>
<tr><td>19</td><td colspan="4">是否造成工量具或教学设备可修复性损坏</td><td colspan="2">□是　□否</td></tr>
<tr><td colspan="5">学习效果小组评价等级：
小组评分人签名：</td><td colspan="2">□优　□良
□合格　□不合格</td></tr>
</table>

续表

<table>
<tr><td>班级</td><td></td><td>姓名</td><td></td><td>学号</td><td></td><td>日期</td><td>年 月 日</td></tr>
<tr><td colspan="2">学习任务名称</td><td colspan="6"></td></tr>
<tr><td rowspan="3">教师评价</td><td colspan="5">综合评价等级：</td><td colspan="2">□优 □良
□合格 □不合格</td></tr>
<tr><td colspan="5">加分奖励</td><td colspan="2">□2 分 □5 分
□8 分 □10 分</td></tr>
<tr><td colspan="7">评语：

指导教师：</td></tr>
<tr><td>学生个人成绩评定</td><td colspan="7"></td></tr>
<tr><td>评价实施说明</td><td colspan="7">1. 在任务实施过程中未出现人身伤害事故或设备严重损坏的前提下进行评价
2. 评价方法
(1) 自我评价：1 ~ 10 项中，能达到 9 项及以上要求为优，能达到 7 项及以上为良，能达到 6 项及以上为合格，低于 6 项为不合格
(2) 小组评价：11 ~ 19 项中，能达到 8 项及以上要求为优，能达到 6 项及以上为良，能达到 5 项及以上为合格，低于 5 项为不合格
(3) 教师综合评价：教师根据学生自我评价、小组评价以及课堂记录，对每个学生工作任务完成情况进行综合等级评价，综合评价等级与分数的对应关系为：优：90 分，良：75 分，合格：60 分，不合格：50 分
(4) 学生个人成绩评定：学生个人成绩 = 综合评价分 + 奖励分</td></tr>
</table>

学习任务二　槽罐压力控制

学习目标

知识目标：

1. 掌握二进制加1、减1指令的用法。
2. 掌握触点比较指令的应用。
3. 了解变址寄存器的知识。

技能目标：

1. 能根据控制要求，熟练做出PLC的I/O分配表和接线图。
2. 能根据控制要求的描述，确定PLC和外部设备接线方法。
3. 能根据确定的控制方式，利用功能指令编写PLC程序。
4. 能将程序下载到PLC中，并根据控制要求，调试好程序。

建议学时

8课时

工作情景描述

某石化企业对现有槽罐控制系统进行改造，增添槽罐压力灯光指示等安全功能，如图4—2—1所示，该任务交由本技术组完成。具体要求如下。

（1）开机后，气体自动注入槽罐，通过压力传感器进行采集槽罐压力数据，槽罐最大承受压力为20 MPa。

（2）对槽罐压力状态进行3个安全等级的划分，分别有灯光进行提示，具体如下：

安全：当槽罐压力在0～15 MPa时，绿灯点亮。

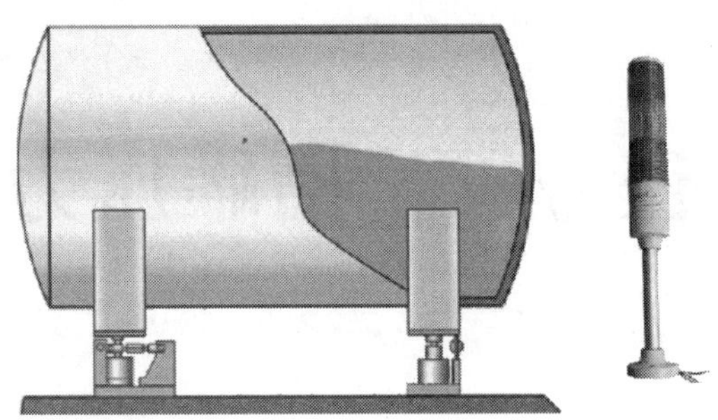

图 4—2—1 槽罐压力控制系统

警告：当槽罐压力在 15～19 MPa 时，黄灯点亮。

危险：当槽罐压力在 20 MPa 及以上压力时，红灯点亮。

（3）当槽罐压力指示为危险时，即压力到达 20 MPa 及以上时，自动停止气体注入。

试用二进制加 1、减 1 指令编写其控制程序。

工作过程与学习活动

学习活动 1 明确工作任务

学习活动 2 工作准备

学习活动 3 工作实施

学习活动 4 总结与评价

温馨提示：在工作过程中遵守 6S 规范，严格遵守用电、消防等安全规程要求，工作完成后按照现场管理规范清理场地、归置物品。

学习活动1　明确工作任务

学习目标

1. 能根据工作任务做好学习资源准备。
2. 能通过阅读任务信息，明确工作目标。

建议学时：0.5 课时

学习过程

一、学习资源准备

准备《PLC 技术及应用基础教程》教材、相关 PPT 课件或视频动画、FX_{2N}使用说明书、安全操作规程等教学资源。

二、明确工作任务目标

请认真阅读本次任务的学习目标和工作情景，完成以下题目：

1. 下面（　　）不是本次任务的知识目标。

A. 掌握二进制加 1、减 1 指令的用法

B. 掌握步进指令的用法

C. 掌握触点比较指令的应用

D. 了解变址寄存器的知识

2. 本任务中，槽罐最大承受的压力是____________。

3. 本任务中，槽罐的 3 个安全等级划分是怎样的？

安全：当槽罐压力在____________时，此时____灯点亮。

警告：当槽罐压力在____________时，此时____灯点亮。

危险：当槽罐压力在____________时，此时____灯点亮。

学习活动2 工 作 准 备

学习目标

1. 能自主通过不同途径查阅相关学习资料。
2. 能完成工作页资料的填写。
3. 能制定合理的工作计划。

建议学时：1.5 课时

学习过程

一、查阅资料完成以下问题

1. 填写下表空白部分。

加 1、减 1 指令

指令名称	助记符	指令代码	操作数 D	程序步
加 1 指令				
减 1 指令				

2. 二进制加 1 指令的基本格式如下图所示，填写下面空白。

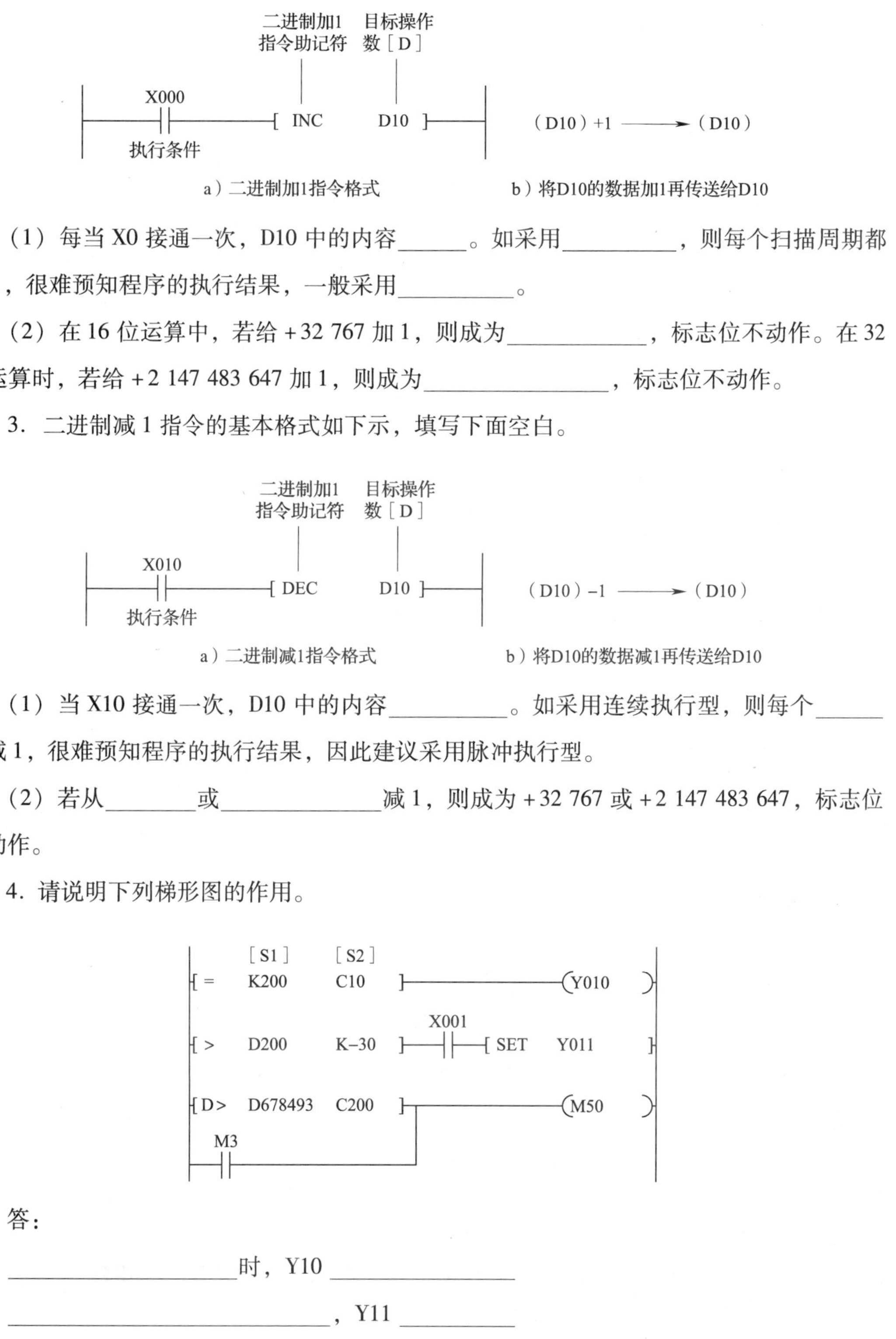

a）二进制加1指令格式　　b）将D10的数据加1再传送给D10

（1）每当 X0 接通一次，D10 中的内容______。如采用__________，则每个扫描周期都加 1，很难预知程序的执行结果，一般采用__________。

（2）在 16 位运算中，若给 +32 767 加 1，则成为____________，标志位不动作。在 32 位运算时，若给 +2 147 483 647 加 1，则成为________________，标志位不动作。

3．二进制减 1 指令的基本格式如下示，填写下面空白。

a）二进制减1指令格式　　b）将D10的数据减1再传送给D10

（1）当 X10 接通一次，D10 中的内容__________。如采用连续执行型，则每个______都减 1，很难预知程序的执行结果，因此建议采用脉冲执行型。

（2）若从_______或______________减 1，则成为 +32 767 或 +2 147 483 647，标志位不动作。

4．请说明下列梯形图的作用。

答：

___________________时，Y10 _______________

____________________________，Y11 __________

____________________________，M50 __________

二、制定工作计划

<table>
<tr><td colspan="6">“槽罐压力控制”工作计划</td></tr>
<tr><td>班级</td><td></td><td>小组名称</td><td></td><td>时间</td><td>年　　月　　日</td></tr>
<tr><td colspan="6">（一）组员分工</td></tr>
<tr><td colspan="2">组员姓名</td><td colspan="4">组员分配任务（从下面任务分工选项中进行选择）</td></tr>
<tr><td>1</td><td></td><td colspan="4"></td></tr>
<tr><td>2</td><td></td><td colspan="4"></td></tr>
<tr><td>3</td><td></td><td colspan="4"></td></tr>
<tr><td>4</td><td></td><td colspan="4"></td></tr>
<tr><td>5</td><td></td><td colspan="4"></td></tr>
<tr><td colspan="6">分工选项</td></tr>
<tr><td colspan="6">A. 组织分工
B. 设备检查与测量
C. 主电路的接线
D. 输入回路线路连接
E. 输出回路线路连接
F. PLC 程序编写与下载
G. 系统运行与调试
H. 工作过程记录
I. 工具、材料准备</td></tr>
<tr><td colspan="2">建议</td><td colspan="4">1. 按照学生以往成绩由教师进行搭配分组或学生自由组合
2. 每组组员建议 3 ~ 4 人
3. 分工选项可以根据实际需求进行增加或减少</td></tr>
</table>

续表

（二）工具材料清单				
序号	工具或材料名称	型号规格	数量	备注

（三）工序步骤安排			
序号	工作内容	计划用时	备注

（四）安全防护措施建议

学习活动3 工 作 实 施

学习目标

1. 能根据任务工作计划，落实实施步骤。

2. 能够通过小组协作方式完成任务工作计划。

3. 能清楚任务所需指令并熟练应用相关指令。

4. 能够完成本次任务的接线图、梯形图、指令表。

5. 能下载程序并进行调试，及时处理调试过程中出现的问题。

建议学时：4 课时

学习过程

一、请根据任务描述分析控制要求

1. 当按下启动键后，________________得电，气体开始注入槽罐，压力传感器开始传回压力数据；当按下停止键后，________________，停止气体注入。

2. 当槽罐压力在 0 ~ 15 MPa 时，______________点亮；当槽罐压力在 15 ~ 19 MPa 时，____________点亮；当槽罐压力在 20 MPa 及以上压力时，___________________点亮。在无压力传感器进行测试时，可以考虑通过模拟信号来代替真实的压力信号数据。本任务将使用______________来作为压力数据增长的依据。

3. 当槽罐压力到达 20 MPa 及以上时，__________________。

二、根据控制要求填写输入、输出点分配表

"槽罐压力控制"输入点与输出点分配表

输入设备		输入点编号	输出设备		输出点编号
1			1		
2			2		
3			3		
4			4		
5			5		
6			6		

三、按控制要求画出本任务的 PLC 外部接线图

四、根据控制要求完成梯形图程序的编写

五、程序编辑与下载

请根据《PLC 技术及应用基础教程》或者自行分析控制要求，设计好程序，把你编写的程序下载至 PLC，并且完成 PLC 的接线。

六、通电调试

为保证人身安全，在通电调试时，要认真执行安全操作规程的有关规定，经老师检查并现场监护。

接通电源按下启动按钮，观察系统运行情况是否正常，并把调试过程记录到下列表格中。

系统调试过程记录表

操作者动作	动作改变的条件或节点	各负载情况（得电或失电）	分析出错原因（没错不填）
按下启动按钮			

七、整理与提高

1. 请记录本次程序编辑和下载中出现的错误及解决方法：

2. 本次调试程序时，你认为有哪些是需要特别注意的？

学习活动4　总结与评价

学习目标

1. 能以小组形式，对学习过程和实训成果进行汇报总结。

2. 能客观公正地对任务完成情况进行自评、组评。

建议学时：2 课时

学习过程

一、工作总结

1. 撰写个人工作小结

任务工作小结

班级		任务名称		撰写人		学号	

续表

班级		任务名称		撰写人		学号	

（可以附页）

2. 成果展示与汇报

以小组为单位，选择演示文稿、展板、录像、演讲等形式中的一种或几种，向全班展示、汇报学习成果。

二、综合评价

评价表

<table>
<tr><td>班级</td><td></td><td>姓名</td><td></td><td>学号</td><td></td><td>日期</td><td>年 月 日</td></tr>
<tr><td colspan="2">学习任务名称</td><td colspan="6"></td></tr>
<tr><td rowspan="11">自我评价</td><td>1</td><td>6S 管理</td><td colspan="5">□符合 □不符合</td></tr>
<tr><td>2</td><td>能准时上、下课</td><td colspan="5">□符合 □不符合</td></tr>
<tr><td>3</td><td>着装符合职业规范</td><td colspan="5">□符合 □不符合</td></tr>
<tr><td>4</td><td>能独立完成工作页填写</td><td colspan="5">□能 □不能</td></tr>
<tr><td>5</td><td>利用教材、课件和网络资源等查找有效信息</td><td colspan="5">□能 □不能</td></tr>
<tr><td>6</td><td>能正确使用工具及设备</td><td colspan="5">□能 □不能</td></tr>
<tr><td>7</td><td>能制定合理的任务实施计划及人员分工</td><td colspan="5">□能 □不能</td></tr>
<tr><td>8</td><td>工作过程中材料工具能摆放整齐</td><td colspan="5">□能 □不能</td></tr>
<tr><td>9</td><td>工作过程中自觉遵守安全用电规范</td><td colspan="5">□能 □不能</td></tr>
<tr><td>10</td><td>工作完成后自觉整理、清理工位</td><td colspan="5">□能 □不能</td></tr>
<tr><td colspan="2">学习效果自我评价等级：
自我评价人签名：</td><td colspan="5">□优 □良
□合格 □不合格</td></tr>
<tr><td rowspan="10">小组评价</td><td>11</td><td>能在小组内积极发言，出谋划策</td><td colspan="5">□能 □不能</td></tr>
<tr><td>12</td><td>能积极配合小组成员完成工作任务</td><td colspan="5">□优 □良
□合格 □不合格</td></tr>
<tr><td>13</td><td>能积极完成所分配的工作任务</td><td colspan="5">□优 □良
□合格 □不合格</td></tr>
<tr><td>14</td><td>能清晰表达自己的观点</td><td colspan="5">□能 □不能</td></tr>
<tr><td>15</td><td>具有安全、规范和环保意识</td><td colspan="5">□能 □不能</td></tr>
<tr><td>16</td><td>遵守课堂纪律，不做与课程无关的事</td><td colspan="5">□能 □不能</td></tr>
<tr><td>17</td><td>爱护公共财物，自觉维护教学设备的完好性</td><td colspan="5">□能 □不能</td></tr>
<tr><td>18</td><td>能撰写个人任务学习小结</td><td colspan="5">□优 □良
□合格 □不合格</td></tr>
<tr><td>19</td><td>是否造成工量具或教学设备可修复性损坏</td><td colspan="5">□是 □否</td></tr>
<tr><td colspan="2">学习效果小组评价等级：
小组评分人签名：</td><td colspan="5">□优 □良
□合格 □不合格</td></tr>
</table>

续表

<table>
<tr><td>班级</td><td></td><td>姓名</td><td></td><td>学号</td><td></td><td>日期</td><td>年　月　日</td></tr>
<tr><td colspan="2">学习任务名称</td><td colspan="6"></td></tr>
<tr><td rowspan="3">教师
评价</td><td colspan="4">综合评价等级：</td><td colspan="3">□优　□良
□合格　□不合格</td></tr>
<tr><td colspan="4">加分奖励</td><td colspan="3">□2 分　□5 分
□8 分　□10 分</td></tr>
<tr><td colspan="7">评语：

指导教师：</td></tr>
<tr><td>学生个人
成绩评定</td><td colspan="7"></td></tr>
<tr><td>评价
实施
说明</td><td colspan="7">1. 在任务实施过程中未出现人身伤害事故或设备严重损坏的前提下进行评价
2. 评价方法
（1）自我评价：1～10 项中，能达到 9 项及以上要求为优，能达到 7 项及以上为良，能达到 6 项及以上为合格，低于 6 项为不合格
（2）小组评价：11～19 项中，能达到 8 项及以上要求为优，能达到 6 项及以上为良，能达到 5 项及以上为合格，低于 5 项为不合格
（3）教师综合评价：教师根据学生自我评价、小组评价以及课堂记录，对每个学生工作任务完成情况进行综合等级评价，综合评价等级与分数的对应关系为：优：90 分，良：75 分，合格：60 分，不合格：50 分
（4）学生个人成绩评定：学生个人成绩＝综合评价分＋奖励分</td></tr>
</table>

项目五　PLC 控制系统的设计与应用

学习任务一　机械手 PLC 控制系统设计与应用

学习目标

知识目标：

1. 了解 PLC 控制系统设计的原则。
2. 了解 PLC 控制系统设计的流程。
3. 进一步熟悉三菱 FX_{2N} 系列 PLC 常用指令的功能和使用方法。

技能目标：

1. 能根据控制要求，熟练做出 PLC 的 I/O 分配表和接线图。
2. 能根据任务控制要求，编写 PLC 控制程序。
3. 能将程序下载到 PLC 中，并根据控制要求调试程序。

建议学时

20 课时

工作情景描述

某厂生产线有一道工序，其工作任务是拿取工件，放置到相应工位。原来用一名工人完成，由于工作枯燥重复，用人来做容易疲劳、工作效率下降，也容易发生事故，因此厂家计划采用机器人代替人工完成该工序，现交由本技术部门负责该项目。机械手的 PLC 控制系统设计，按照要求采用 PLC 进行机械手的控制，其工作要求如下：

采用 PLC 控制的三自由度机械手可以实现自动搬运工件从 A 处至 B 处。它的一个完整工作过程为：从原位开始→下降至 A 处→夹紧→上升→左移→伸出→下降至 B 处→放松→

上升→缩回→右移→回到原位。

采用 PLC 控制系统设计机械手的左移/右移或上升/下降的执行机构，一般采用双线圈二位电磁阀推动气缸来完成。当某个电磁阀线圈得电，机械手就一直保持现有的机械动作（例如下降，即使线圈再断电，仍保持现有的下降动作状态），直到相反方向的线圈通电为止。设备上装有上下限位传感器、前后限位传感器和左右限位传感器。试设计机械手的 PLC 控制系统。机械手示意图如图 5—1—1 所示。

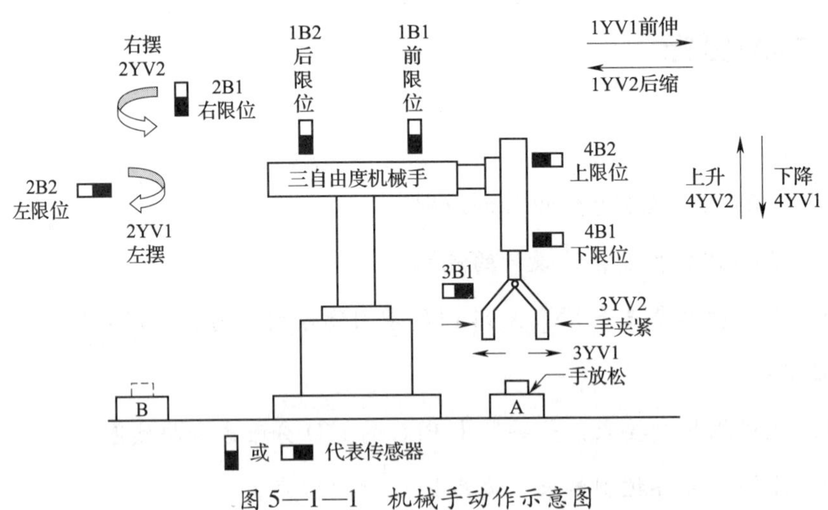

图 5—1—1 机械手动作示意图

工作过程与学习活动

学习活动 1 明确工作任务

学习活动 2 工作准备

学习活动 3 工作实施

学习活动 4 总结与评价

温馨提示：在工作过程中遵守 6S 规范，严格遵守用电、消防等安全规程要求，工作完成后按照现场管理规范清理场地、归置物品。

学习活动 1　明确工作任务

学习目标

1. 能根据工作任务做好学习资源准备。
2. 能通过阅读任务信息，明确工作目标。

建议学时：1 课时

学习过程

一、学习资源准备

准备《PLC 技术及应用基础教程》教材、相关 PPT 课件或视频动画、FX_{2N}使用说明书、安全操作规程等教学资源。

二、明确工作任务目标

请认真阅读本次任务的学习目标和工作情景，完成以下题目：

1. 本学习任务的目标是了解 PLC 控制系统设计的（　　）和（　　）。

A. 原则　　B. 方法　　C. 流程　　D. 顺序　　E. 功能

2. 本学习任务的目标包含“能根据控制要求，（　　）做出 PLC 的 I/O 分配表和接线图”。

A. 了解　　B. 熟悉　　C. 熟练　　D. 理解

3. 本次学习任务的控制对象是机械手，它拥有（　　）个自由度。

A. 一　　B. 二　　C. 三　　D. 四

4. 本任务机械手的一个完整工作流程为：从原位开始→________→夹紧→________→左移→________→________→________→________→________→右移→回到原位。

5. 采用 PLC 控制系统设计机械手的左移/右移或上升/下降的执行机构，一般采用________二位电磁阀推动气缸来完成。

6. 当某个电磁阀线圈得电，机械手就__________________________（例如下降，即使线圈再断电，仍保持_____________________），直到相反方向的线圈通电为止。

7. 机械手设备上装有____________、________________和__________________传感器。

学习活动 2　工 作 准 备

学习目标

1. 能自主通过不同途径查阅相关学习资料。
2. 能完成工作页资料的填写。
3. 能制定合理的工作计划。

建议学时：4 课时

学习过程

一、查阅资料完成以下问题

1. PLC 控制系统设计的四点原则分别是：

(1)

(2)

(3)

(4)

2. 画出 PLC 控制系统设计流程图。

3. 对一个较复杂的生产工艺过程，通常可将控制任务＿＿＿＿＿＿＿＿＿＿，而每个部分往往又可＿＿＿＿＿＿＿＿。

4. PLC 选型和硬件配置：根据已确定的用户 I/O 设备，统计所需的输入信号和输出信号的点数，选择合适的 PLC 类型，包括＿＿＿＿＿＿、＿＿＿＿＿＿＿、＿＿＿＿＿＿、电源模块的选择等。

5. 根据功能说明书，可得到 PLC 系统的开关量 I/O 点数和模拟量 I/O 通道数，统计得出 I/O 总点数，在此基础上增加＿＿＿＿＿＿的余量，即为 I/O 点数估计值，该估算值是 PLC 选型的主要技术依据。应尽量避免使 PLC 能力接近饱和，若需为以后的调整扩充做准备，选定的 PLC 机型的 I/O 点数一般应有＿＿＿＿＿＿＿左右的余量。

6. PLC 程序设计，一般需经过若干设计流程，请把流程图画在下面空白处。

7. PLC 应用程序设计方法通常有______________、_____________、_____________、工艺流程的逐步探索法和翻译法等。

8. 当___________________________时，使用逻辑设计法比较好。

9. 经验设计法要求___________________________，对工业控制系统和各种典型控制环节要求比较熟悉。

10. 逐步探索法的关键是______________________。首先，将______________________分为若干步，在图中用方框表示一步，方框之间用______________________相连，__________表示工步转换进程。然后，按加工工艺或生产过程，把工步转换条件画在直线左方。工步转换条件既是_______________，又是_________________。

11. 为了满足电气控制设备的制造和使用要求，通常要进行电气线路的设计与安装，包括电气_________________、电气___________________、电气_____________________等。

12. 设计电气控制柜的原则有哪几点?

13. PLC 系统的调试包括____________________，_________________和_________________三方面。

14. 联机调试是指模拟调试通过的程序在线统调。这时可__________________________、信号灯等进行调试。利用编程器的________________，采用分段分级调试方法进行。到各部分功能都调试正常后，再带上实际负载运行。如不符合要求，则可______________________，通常只需____________________即可达到调整的目的，这段工作所需时间不多。

15. 系统工艺操作文件包括_____________、电气原理图、____________________、电气元件明细表、_________________等。

二、制定工作计划

<table>
<tr><td colspan="6">“机械手 PLC 控制系统设计与应用”工作计划</td></tr>
<tr><td>班级</td><td></td><td>小组名称</td><td></td><td>时间</td><td>年 月 日</td></tr>
<tr><td colspan="6">（一）组员分工</td></tr>
<tr><td colspan="2">组员姓名</td><td colspan="4">组员分配任务（从下面任务分工选项中进行选择）</td></tr>
<tr><td>1</td><td></td><td colspan="4"></td></tr>
<tr><td>2</td><td></td><td colspan="4"></td></tr>
<tr><td>3</td><td></td><td colspan="4"></td></tr>
<tr><td>4</td><td></td><td colspan="4"></td></tr>
<tr><td>5</td><td></td><td colspan="4"></td></tr>
<tr><td colspan="6">分工选项</td></tr>
<tr><td colspan="6">A. 组织分工
B. 设备检查与测量
C. 主电路的接线
D. 输入回路线路连接
E. 输出回路线路连接
F. PLC 程序编写与下载
G. 系统运行与调试
H. 工作过程记录
I. 工具、材料准备</td></tr>
<tr><td colspan="2">建议</td><td colspan="4">1. 按照学生以往成绩由教师进行搭配分组或学生自由组合
2. 每组组员建议 3～4 人
3. 分工选项可以根据实际需求进行增加或减少</td></tr>
<tr><td colspan="6">（二）工具材料清单</td></tr>
<tr><td>序号</td><td>工具或材料名称</td><td>型号规格</td><td>数量</td><td colspan="2">备注</td></tr>
<tr><td></td><td></td><td></td><td></td><td colspan="2"></td></tr>
<tr><td></td><td></td><td></td><td></td><td colspan="2"></td></tr>
</table>

续表

（二）工具材料清单				
序号	工具或材料名称	型号规格	数量	备注

（三）工序步骤安排			
序号	工作内容	计划用时	备注

（四）安全防护措施建议

学习活动3 工 作 实 施

学习目标

1. 能根据任务工作计划，落实实施步骤。

2. 能够通过小组协作方式完成任务工作计划。

3. 能清楚任务所需指令并熟练应用相关指令。

4. 能够完成本次任务的接线图、梯形图、指令表。

5. 能下载程序并进行调试，及时处理调试过程中出现的问题。

建议学时：12 课时

学习过程

一、请根据任务描述分析控制要求

1. 分析三自由度机械手的系统组成

(1) 电气控制部分

输入信号元件有：

输出执行元件有：

（2）气动控制部分。名词解释：空气压缩机，两位五通电控电磁阀，双作用直线气缸，气动三联件。

空气压缩机：

两位五通电控电磁阀：

双作用直线气缸：

气动三联件：

（3）信号检测部分

电容式接近开关：

霍尔式接近开关：

2. 三自由度机械手的控制要求

根据教材任务提示，分析三自由度机械手的控制要求，并填写下面表格。

三自由度机械手状态流程分析表

状态	动作内容	转移条件
S0 表示状态 0	控制系统初始状态，机械手静止不动	按下启动按钮（SB2）时，若机械手处于最右端限位处（2B1），状态转移至 S20
S20 表示状态 1		
S21 表示状态 2		

二、根据控制要求填写输入、输出点分配表

"机械手 PLC 控制系统"输入点与输出点分配表

输入设备		输入点编号	输出设备		输出点编号
1			1		
2			2		
3			3		
4			4		
5			5		
6			6		
7			7		
8			8		
9			9		
10			10		
11			11		
12			12		

三、按控制要求画出本任务的 PLC 外部接线图

四、根据控制要求完成梯形图程序的编写

五、程序编辑与下载

请根据《PLC 技术及应用基础教程》提示或者自行分析控制要求，设计好程序，把你编写的程序下载至 PLC，并且完成 PLC 的接线。

六、通电调试

为保证人身安全，在通电调试时，要认真执行安全操作规程的有关规定，经老师检查并现场监护。

接通电源按下启动按钮，观察系统运行情况是否正常，是否符合功能要求，并把调试过程记录到下列表格中。

系统调试过程记录表

操作者动作	动作改变的条件或节点	各负载情况（得电或失电）	分析出错原因（没错不填）
按下启动按钮			

七、整理与提高

1. 请记录本次程序编辑和下载中出现的错误及解决方法：

2. 本次调试程序时，你认为有哪些是需要特别注意的？

学习活动 4 总结与评价

学习目标

1. 能以小组形式，对学习过程和实训成果进行汇报总结。

2. 能客观公正地对任务完成情况进行自评、组评。

建议学时：3 课时

学习过程

一、工作总结

1. 撰写个人工作小结

任务工作小结

班级		任务名称		撰写人		学号	

续表

班级		任务名称		撰写人		学号	

（可以附页）

2. 成果展示与汇报

以小组为单位，选择演示文稿、展板、录像、演讲等形式中的一种或几种，向全班展示、汇报学习成果。

二、综合评价

评价表

<table>
<tr><td>班级</td><td></td><td>姓名</td><td></td><td>学号</td><td></td><td>日期</td><td>年 月 日</td></tr>
<tr><td colspan="2">学习任务名称</td><td colspan="6"></td></tr>
<tr><td rowspan="11">自我评价</td><td>1</td><td colspan="4">6S 管理</td><td colspan="2">□符合 □不符合</td></tr>
<tr><td>2</td><td colspan="4">能准时上、下课</td><td colspan="2">□符合 □不符合</td></tr>
<tr><td>3</td><td colspan="4">着装符合职业规范</td><td colspan="2">□符合 □不符合</td></tr>
<tr><td>4</td><td colspan="4">能独立完成工作页填写</td><td colspan="2">□能 □不能</td></tr>
<tr><td>5</td><td colspan="4">利用教材、课件和网络资源等查找有效信息</td><td colspan="2">□能 □不能</td></tr>
<tr><td>6</td><td colspan="4">能正确使用工具及设备</td><td colspan="2">□能 □不能</td></tr>
<tr><td>7</td><td colspan="4">能制定合理的任务实施计划及人员分工</td><td colspan="2">□能 □不能</td></tr>
<tr><td>8</td><td colspan="4">工作过程中材料工具能摆放整齐</td><td colspan="2">□能 □不能</td></tr>
<tr><td>9</td><td colspan="4">工作过程中自觉遵守安全用电规范</td><td colspan="2">□能 □不能</td></tr>
<tr><td>10</td><td colspan="4">工作完成后自觉整理、清理工位</td><td colspan="2">□能 □不能</td></tr>
<tr><td colspan="5">学习效果自我评价等级：
自我评价人签名：</td><td colspan="2">□优 □良
□合格 □不合格</td></tr>
<tr><td rowspan="10">小组评价</td><td>11</td><td colspan="4">能在小组内积极发言，出谋划策</td><td colspan="2">□能 □不能</td></tr>
<tr><td>12</td><td colspan="4">能积极配合小组成员完成工作任务</td><td colspan="2">□优 □良
□合格 □不合格</td></tr>
<tr><td>13</td><td colspan="4">能积极完成所分配的工作任务</td><td colspan="2">□优 □良
□合格 □不合格</td></tr>
<tr><td>14</td><td colspan="4">能清晰表达自己的观点</td><td colspan="2">□能 □不能</td></tr>
<tr><td>15</td><td colspan="4">具有安全、规范和环保意识</td><td colspan="2">□能 □不能</td></tr>
<tr><td>16</td><td colspan="4">遵守课堂纪律，不做与课程无关的事</td><td colspan="2">□能 □不能</td></tr>
<tr><td>17</td><td colspan="4">爱护公共财物，自觉维护教学设备的完好性</td><td colspan="2">□能 □不能</td></tr>
<tr><td>18</td><td colspan="4">能撰写个人任务学习小结</td><td colspan="2">□优 □良
□合格 □不合格</td></tr>
<tr><td>19</td><td colspan="4">是否造成工量具或教学设备可修复性损坏</td><td colspan="2">□是 □否</td></tr>
<tr><td colspan="5">学习效果小组评价等级：
小组评分人签名：</td><td colspan="2">□优 □良
□合格 □不合格</td></tr>
</table>

续表

<table>
<tr><td>班级</td><td></td><td>姓名</td><td></td><td>学号</td><td></td><td>日期</td><td>年　月　日</td></tr>
<tr><td colspan="2">学习任务名称</td><td colspan="6"></td></tr>
<tr><td rowspan="3">教师
评价</td><td colspan="4">综合评价等级：</td><td colspan="3">□优　□良
□合格　□不合格</td></tr>
<tr><td colspan="4">加分奖励</td><td colspan="3">□2 分　□5 分
□8 分　□10 分</td></tr>
<tr><td colspan="7">评语：

指导教师：</td></tr>
<tr><td>学生个人
成绩评定</td><td colspan="7"></td></tr>
<tr><td>评价
实施
说明</td><td colspan="7">1. 在任务实施过程中未出现人身伤害事故或设备严重损坏的前提下进行评价
2. 评价方法
（1）自我评价：1 ~ 10 项中，能达到 9 项及以上要求为优，能达到 7 项及以上为良，能达到 6 项及以上为合格，低于 6 项为不合格
（2）小组评价：11 ~ 19 项中，能达到 8 项及以上要求为优，能达到 6 项及以上为良，能达到 5 项及以上为合格，低于 5 项为不合格
（3）教师综合评价：教师根据学生自我评价、小组评价以及课堂记录，对每个学生工作任务完成情况进行综合等级评价，综合评价等级与分数的对应关系为：优：90 分，良：75 分，合格：60 分，不合格：50 分
（4）学生个人成绩评定：学生个人成绩 = 综合评价分 + 奖励分</td></tr>
</table>

学习任务二　三层电梯的 PLC 控制系统设计与应用

学习目标

知识目标：

1. 熟悉三菱 FX_{2N}系列 PLC 常用指令的功能和使用方法。
2. 掌握 PLC 编程基本方法。
3. 掌握七段码译码功能指令的含义与使用。

技能目标：

1. 根据控制要求，熟练做出 PLC 的 I/O 分配表和接线图。
2. 会根据任务控制要求，编写 PLC 控制程序。
3. 能将程序下载到 PLC 中，并根据控制要求，调试程序。

建议学时

20 课时

工作情景描述

本公司接到一订单，需为一座三层厂房设计安装一台电梯，电梯由 PLC 控制，其控制系统由本技术部门设计完成。

电梯是现代生活中很常用的一种电气设施，在各种高层住宅、大型商场、超市、工厂等都有大量应用，下图是三层电梯实物图和结构示意图。此任务为设计三层电梯的控制系统，并进行程序设计与调试。

a）三层电梯教学设备实物图

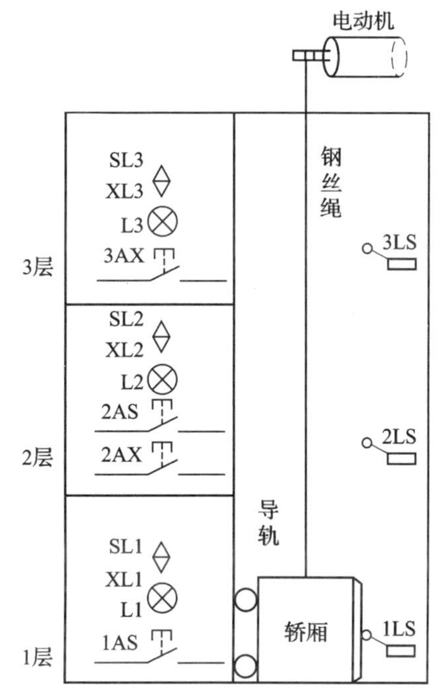

b）三层电梯结构示意图

图 5—2—1　电梯实物图和结构示意图

工作过程与学习活动

学习活动 1　明确工作任务

学习活动 2　工作准备

学习活动 3　工作实施

学习活动 4　总结与评价

温馨提示：在工作过程中遵守 6S 规范，严格遵守用电、消防等安全规程要求，工作完成后按照现场管理规范清理场地、归置物品。

学习活动1 明确工作任务

学习目标

1. 能根据工作任务做好学习资源准备。
2. 能通过阅读任务信息，明确工作目标。

建议学时：1 课时

学习过程

一、学习资源准备

准备《PLC 技术及应用基础教程》教材、相关 PPT 课件或视频动画、FX_{2N}使用说明书、安全操作规程等教学资源。

二、明确工作任务目标

请认真阅读本次任务的学习目标和工作情景，完成以下题目：

1. 本次学习任务包括掌握（　　）指令的含义和使用。

A. 取反　　B. 传送　　C. 加法　　D. 七段码

2. 电梯（直梯）是____________________设备。

3. 电梯的轿厢运行在至少两列垂直的或倾斜角小于（　　）的刚性导轨之间。

A. 5°　　B. 10°　　C. 15°　　D. 20°

4. 轿厢尺寸与结构形式____________。

5. 电梯的____________是提供动力的心脏，____________________是指挥行动的大脑，___________是执行动作的四肢，通过这些部件的协调配合起来保证轿厢的正常运行。

学习活动2　工 作 准 备

学习目标

1. 能自主通过不同途径查阅相关学习资料。
2. 能完成工作页资料的填写。
3. 能制定合理的工作计划。

建议学时：4 课时

学习过程

一、查阅资料完成以下问题

1. 电梯由哪些部分组成，请补充填写下面表格。

电梯的部件及功能表

系统（部件名称）	功能	主要构件与装置
曳引系统		
	限制轿厢和对重的活动自由度	导轨、导轨支架
轿厢		
门系统		
重量平衡系统		
	提供动力，对电梯实行速度控制	电动机、供电系统、速度反馈装置、调速装置等
电气控制系统		控制柜、平层装置、操纵箱、召唤盒、操纵装置
安全保护系统		

2．七段码译码指令的功能是________________________，其助记符为________________________。

3．关于七段数码管

（1）如下七段码译码指令梯形图中，把七段数码管的各段与 Y 的对应关系画在梯形图的右边。

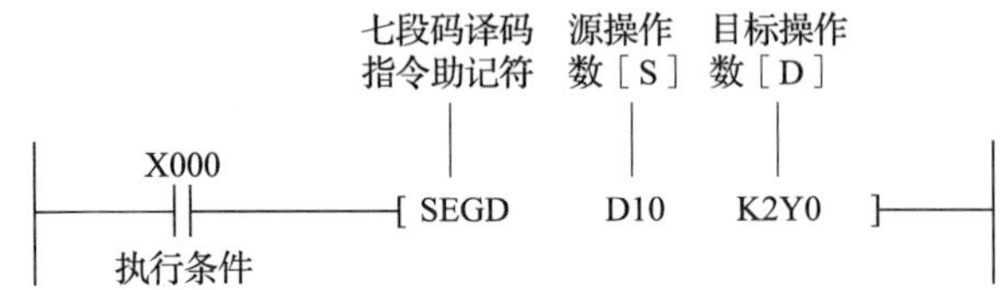

（2）填写下面七段数码管显示的数据与 Y 对应关系表。

D10 数据	显示数据	K2Y0							
		Y7	Y6	Y5	Y4	Y3	Y2	Y1	Y0
0000	0	0	0	1	1	1	1	1	1
0001	1								
0010									
0011									
0100	4								
0101									
0110									
0111									
1000									
1001	9								
1010	A	0	1	1	1	0	1	1	1
1011									
1100									
1101									
1110									
1111									

（3）请尝试设计一个程序，把 X0 被接通的次数用七段数码管显示出来。

（4）上题中，若要显示 10 次，则需要两个数码管显示，请改良程序，使其能显示 10 次以上。

二、制定工作计划

<table>
<tr><td colspan="6">“三层电梯的 PLC 控制系统设计与应用”工作计划</td></tr>
<tr><td>班级</td><td></td><td>小组名称</td><td></td><td>时间</td><td>年　月　日</td></tr>
<tr><td colspan="6">（一）组员分工</td></tr>
<tr><td colspan="2">组员姓名</td><td colspan="4">组员分配任务（从下面任务分工选项中进行选择）</td></tr>
<tr><td>1</td><td></td><td colspan="4"></td></tr>
<tr><td>2</td><td></td><td colspan="4"></td></tr>
<tr><td>3</td><td></td><td colspan="4"></td></tr>
<tr><td>4</td><td></td><td colspan="4"></td></tr>
<tr><td>5</td><td></td><td colspan="4"></td></tr>
</table>

续表

<table>
<tr><td colspan="5">分工选项</td></tr>
<tr><td colspan="5">A. 组织分工
B. 设备检查与测量
C. 主电路的接线
D. 输入回路线路连接
E. 输出回路线路连接
F. PLC 程序编写与下载
G. 系统运行与调试
H. 工作过程记录
I. 工具、材料准备</td></tr>
<tr><td colspan="2">建议</td><td colspan="3">1. 按照学生以往成绩由教师进行搭配分组或学生自由组合
2. 每组组员建议 3 ~ 4 人
3. 分工选项可以根据实际需求进行增加或减少</td></tr>
<tr><td colspan="5">（二）工具材料清单</td></tr>
<tr><td>序号</td><td>工具或材料名称</td><td>型号规格</td><td>数量</td><td>备注</td></tr>
<tr><td></td><td></td><td></td><td></td><td></td></tr>
<tr><td></td><td></td><td></td><td></td><td></td></tr>
<tr><td></td><td></td><td></td><td></td><td></td></tr>
<tr><td></td><td></td><td></td><td></td><td></td></tr>
<tr><td></td><td></td><td></td><td></td><td></td></tr>
<tr><td></td><td></td><td></td><td></td><td></td></tr>
<tr><td></td><td></td><td></td><td></td><td></td></tr>
<tr><td></td><td></td><td></td><td></td><td></td></tr>
<tr><td></td><td></td><td></td><td></td><td></td></tr>
<tr><td></td><td></td><td></td><td></td><td></td></tr>
</table>

续表

（三）工序步骤安排			
序号	工作内容	计划用时	备注
（四）安全防护措施建议			

学习活动3 工 作 实 施

学习目标

1. 能根据任务工作计划，落实实施步骤。

2. 能够通过小组协作方式完成任务工作计划。

3. 能清楚任务所需指令并熟练应用相关指令。

4. 能够完成本次任务的接线图、梯形图、指令表。

5. 能下载程序并进行调试，及时处理调试过程中出现的问题。

建议学时：12 课时

学习过程

一、请根据任务描述分析控制要求

分析三层电梯控制要求，填写下面表格。

序号	输入		输出	
	原停靠楼层	召唤楼层	运行方向	运行情况
1	2F 或 3F	1F 呼		电梯下行至 1F 停
2	1F	2F 上呼或 2F 下呼		电梯上行至 2F 停
3	3F		下行	电梯下行至 2F 停
4	1F 或 2F	3F 呼		
5	3F	1F 呼、2F 下同时呼		

续表

序号	输　入		输　出	
	原停靠楼层	召唤楼层	运行方向	运行情况
6	1F			
7	3F			
8	1F			
9	3F			
10	1F			

二、根据控制要求填写输入、输出点分配表

“三层电梯 PLC 控制系统”输入点与输出点分配表

输入设备		输入点编号	输出设备		输出点编号
1			1		
2			2		
3			3		
4			4		
5			5		
6			6		
7			7		
8			8		
9			9		
10			10		
11			11		
12			12		

三、按控制要求画出本任务的 PLC 外部接线图

四、根据控制要求完成梯形图程序的编写

五、程序编辑与下载

请根据《PLC 技术及应用基础教程》教材提示或者自行分析控制要求，设计好程序，把你编写的程序下载至 PLC，并且完成 PLC 的接线。

六、通电调试

为保证人身安全，在通电调试时，要认真执行安全操作规程的有关规定，经老师检查并现场监护。

接通电源按下启动按钮，观察系统运行情况是否正常，是否符合功能要求，并把调试过程记录到下列表格中。

系统调试过程记录表

操作者动作	当前电梯所处位置	各负载情况（得电或失电）	分析出错原因（没错不填）
2F 呼上 X1 接通	1F	2 层呼梯指示灯 Y2 亮 电梯上升 Y5 得电	
2 层 X5 动作	2F	Y2，Y5 失电	

七、整理与提高

1．请记录本次程序编辑和下载中出现的错误及解决方法：

____

____

____

____

____

____

2. 本次调试程序时，你认为有哪些是需要特别注意的？

____

____

____

____

____

学习活动 4　总结与评价

学习目标

1. 能以小组形式，对学习过程和实训成果进行汇报总结。

2. 能客观公正地对任务完成情况进行自评、组评。

建议学时：3 课时

学习过程

一、工作总结

1. 撰写个人工作小结

任务工作小结

班级		任务名称		撰写人		学号	

续表

班级		任务名称		撰写人		学号	
（可以附页）							

2. 成果展示与汇报

以小组为单位，选择演示文稿、展板、录像、演讲等形式中的一种或几种，向全班展示、汇报学习成果。

二、综合评价

评价表

班级		姓名		学号		日期	年　月　日
学习任务名称							
自我评价	1	6S 管理				□符合	□不符合
	2	能准时上、下课				□符合	□不符合
	3	着装符合职业规范				□符合	□不符合
	4	能独立完成工作页填写				□能	□不能
	5	利用教材、课件和网络资源等查找有效信息				□能	□不能
	6	能正确使用工具及设备				□能	□不能
	7	能制定合理的任务实施计划及人员分工				□能	□不能
	8	工作过程中材料工具能摆放整齐				□能	□不能
	9	工作过程中自觉遵守安全用电规范				□能	□不能
	10	工作完成后自觉整理、清理工位				□能	□不能
	学习效果自我评价等级： 自我评价人签名：					□优 □合格	□良 □不合格
小组评价	11	能在小组内积极发言，出谋划策				□能	□不能
	12	能积极配合小组成员完成工作任务				□优 □合格	□良 □不合格
	13	能积极完成所分配的工作任务				□优 □合格	□良 □不合格
	14	能清晰表达自己的观点				□能	□不能

续表

<table>
<tr><td>班级</td><td></td><td>姓名</td><td></td><td>学号</td><td></td><td>日期</td><td>年 月 日</td></tr>
<tr><td colspan="2">学习任务名称</td><td colspan="6"></td></tr>
<tr><td rowspan="6">小组评价</td><td>15</td><td colspan="4">具有安全、规范和环保意识</td><td colspan="2">□能 □不能</td></tr>
<tr><td>16</td><td colspan="4">遵守课堂纪律，不做与课程无关的事</td><td colspan="2">□能 □不能</td></tr>
<tr><td>17</td><td colspan="4">爱护公共财物，自觉维护教学设备的完好性</td><td colspan="2">□能 □不能</td></tr>
<tr><td>18</td><td colspan="4">能撰写个人任务学习小结</td><td colspan="2">□优 □良
□合格 □不合格</td></tr>
<tr><td>19</td><td colspan="4">是否造成工量具或教学设备可修复性损坏</td><td colspan="2">□是 □否</td></tr>
<tr><td colspan="5">学习效果小组评价等级：
小组评分人签名：</td><td colspan="2">□优 □良
□合格 □不合格</td></tr>
<tr><td rowspan="3">教师评价</td><td colspan="5">综合评价等级：</td><td colspan="2">□优 □良
□合格 □不合格</td></tr>
<tr><td colspan="5">加分奖励</td><td colspan="2">□2 分 □5 分
□8 分 □10 分</td></tr>
<tr><td colspan="7">评语：

指导教师：</td></tr>
<tr><td>学生个人成绩评定</td><td colspan="7"></td></tr>
</table>

续表

班级		姓名		学号		日期	年　月　日
学习任务名称							
评价实施说明	1. 在任务实施过程中未出现人身伤害事故或设备严重损坏的前提下进行评价 2. 评价方法 （1）自我评价：1～10项中，能达到9项及以上要求为优，能达到7项及以上为良，能达到6项及以上为合格，低于6项为不合格 （2）小组评价：11～19项中，能达到8项及以上要求为优，能达到6项及以上为良，能达到5项及以上为合格，低于5项为不合格 （3）教师综合评价：教师根据学生自我评价、小组评价以及课堂记录，对每个学生工作任务完成情况进行综合等级评价，综合评价等级与分数的对应关系为：优：90分，良：75分，合格：60分，不合格：50分 （4）学生个人成绩评定：学生个人成绩＝综合评价分＋奖励分						